Antje Wenzel-Kassmer

Plötzlich steht die Welt still

Sterneneltern mit Symbolen und Ritualen begleiten

Patmos Verlag

VERLAGSGRUPPE PATMOS

PATMOS
ESCHBACH
GRÜNEWALD
THORBECKE
SCHWABEN
VER SACRUM

Die Verlagsgruppe
mit Sinn für das Leben

Die Verlagsgruppe Patmos ist sich ihrer Verantwortung gegenüber unserer Umwelt bewusst. Wir folgen dem Prinzip der Nachhaltigkeit und streben den Einklang von wirtschaftlicher Entwicklung, sozialer Sicherheit und Erhaltung unserer natürlichen Lebensgrundlagen an. Näheres zur Nachhaltigkeitsstrategie der Verlagsgruppe Patmos auf unserer Website www.verlagsgruppe-patmos.de/nachhaltig-gut-leben

Verlagsgruppe Patmos in der Schwabenverlag AG, Ostfildern
www.verlagsgruppe-patmos.de

Umschlaggestaltung:Finken & Bumiller, Stuttgart
Umschlagabbildung: Siwakorn1933/shutterstock.com
Gestaltung, Satz und Repro: Schwabenverlag AG, Ostfildern
Druck: Finidr s.r.o., Český Těšín
Hergestellt in Tschechien
ISBN 978-3-8436-1477-1

„Schmetterlingskinder" von Franz Kassmer,
Gedenkbild im Helios-Klinikum Krefeld

Inhalt

1. Entstehung und Aufbau des Buches

Dieses Buch richtet sich in erster Linie an Berufsgruppen oder Ehrenamtliche, die Eltern beim Tod eines Kindes im Mutterleib oder kurz nach der Geburt begleiten. Es kann aber auch Angehörigen einen Einblick in das geben, was trauernde Eltern bewegt. Das Buch ist entstanden aus meiner Tätigkeit als Seelsorgerin im Mutter-Kind-Zentrum im Helios-Klinikum Krefeld in den Jahren 2010 bis 2021. Mein Schwerpunkt war die Begleitung von Eltern, die ein Kind verloren hatten.

Zu meinem Tätigkeitsbereich gehörten die gemeinsame Bestattung der tot- und fehlgeborenen Kinder, die alle zwei Monate auf dem Gräberfeld auf dem Krefelder Hauptfriedhof stattfindet, individuelle Beerdigungen verstorbener Kinder, eine jährliche Gedenkfeier für trauernde Eltern im Rahmen des „Worldwide Candle Lighting" sowie die Moderation zweier Trauergruppen für trauernde Eltern.

In diesem Buch schreibe ich über meine Arbeit in der Gegenwartsform, da ich zum Zeitpunkt der Entstehung dieses Buches noch im Klinikum tätig war.

Durch meinen Beruf als evangelische Pfarrerin geschahen die Seelsorge und Beratung der Eltern, die ich anbot, vor einem christlichen Hintergrund. In jeder Begleitung bringe ich meinen Glauben mit. Wenn es sich ergibt, bringe ich ihn zur Sprache. Doch viele der jungen Eltern, die ich begleitet habe, hatten keinen Bezug zur christlichen Kirche. Viele von ihnen waren getauft, hatten jedoch keine nähere Beziehung zu ihrer Kirchengemeinde. Die Sprache der Kirche war ihnen fremd. Sie kannten die biblischen Texte nicht, hatten die Lieder, die im Gottesdienst gesungen werden, nie gehört und konnten mit der Liturgie nichts anfangen.

Im Einzugsgebiet des Klinikums leben viele muslimische Familien und Familien, die keinen gesicherten Aufenthaltsstatus haben. Die Eltern ergeben ein buntes, multikulturelles Bild. Seelsorge mit diesen Patientinnen bedarf aufgrund der teilweise vorhandenen Sprachbarriere einer einfachen Sprache.

Ich erlebte bei meiner Tätigkeit, dass auch nicht kirchlich sozialisierte oder andersgläubige Patienten dankbar sind für das Angebot der Seelsorge. Angeboten habe ich eine offene Seelsorge, die vorbehaltlos da ist, die sich Zeit nimmt und den heftigen, durch die Trauer aufbrechenden Gefühlen Raum gibt, die sich von Sprachlosigkeit nicht selbst sprachlos machen lässt, sondern „namenlosen" Schmerz mit aushält und sich vorsichtig tastend auf die tief verletzten und verunsicherten Menschen zubewegt.

Meine Erfahrung ist, dass insbesondere das Arbeiten mit Bildern, Symbolen und Ritualen für die Trauerbewältigung hilfreich ist. Die Mehrzahl der Patientinnen hat einen Zugang zu Spiritualität und bestimmten Symbolen. Menschen haben zu allen Zeiten Bilder und Symbole als Ausdrucksmöglichkeit ihrer Gedanken, Gefühle und Sicht des Lebens gebraucht. Der kreative Umgang mit Bildern scheint zum Wesen des Menschen zu gehören. Viele Symbole sind kulturübergreifend gebräuchlich. Der Regenbogen zum Beispiel wird in vielen Kulturen als ein besonderes Zeichen des Himmels gedeutet, das den Menschen eine Botschaft bringt. Federn spielen eine besondere Rolle. Fast alle Religionen kennen Engel als gute Mächte, die Menschen schützen und ihnen Botschaften an den Schwellen des Lebens überbringen.

Bilder können, wenn sie angenommen, weitergedacht und gelebt werden, heilsame Kräfte entfalten. Der in ihnen liegende Trost entfaltet sich. Fragen finden Antworten – keine schnellen Antworten, die nicht nachhaltig sind, sondern solche, die sich durch den Prozess der Auseinandersetzung mit den Bildern formen und entwickeln. Wird ein Bild angenommen, weil es als hilfreich erlebt wird, kann darauf zurückgegriffen werden, wenn der Schmerz übermächtig wird.

In diesem Buch habe ich eine Reihe von Symbolen, die hilfreich und heilsam sein können, zusammengestellt. Nach einer kurzen Einführung in das Symbol folgen eine Ansprache, die die Bedeutung des Symbols für die Trauer entfaltet, poetische Texte, ein Segensspruch und eventuell ein Liedvorschlag. Fotos und künstlerische Darstellungen illustrieren das Symbol.

Die Ausführungen zu den Symbolen sind insbesondere für religionsoffene Gedenkfeiern oder Trauerfeiern gedacht. Neben jährlichen Gedenkfeiern sind würdige Trauerfeiern anlässlich der gemeinsamen oder individuellen Bestattung frühstverstorbener Kinder wichtige Rituale. Sie stehen am Anfang der Trauer und können die Zeit der Trauer wesentlich prägen. Einfühlsame, sparsame Worte, begleitet von sinngebenden Bildern, fangen die uferlose erste Phase der Trauer auf und lenken sie in steuerbare Bahnen.

Die Texte sind bewusst offengehalten. Da, wo sie von Gott sprechen, wollen sie nicht festlegen auf den christlichen Gott. Andere Glaubensrichtungen und religiöse Vorstellungen sollen sich darin wiederfinden können. Wenn ich von „Gott" spreche, füge ich meist hinzu: „Gott, Allah oder die Urkraft des Lebens". Werden biblische Texte verwendet, sind es solche, die Gefühle Trauernder ausdrücken oder von einem Trost sprechen, der auch in anderen Religionen erhofft wird.

Die Zielgruppe der Gedenkfeiern umfasst in erster Linie Eltern, die ein Kind durch eine Totgeburt verloren haben. Doch auch Eltern, deren Kind schon älter war, als es starb, sind eingeladen und können sich in den Texten wiederfinden. Die Trauer um ein Kind hat mehr Gemeinsamkeiten als Unterschiede.

Neben den Möglichkeiten zur Arbeit mit Symbolen gebe ich einen Einblick in die Seelsorge mit Eltern, die kürzlich erfahren haben, dass ihr ungeborenes Kind verstorben ist. Für die Kontaktaufnahme zu den Eltern und die Begleitung in der ersten Zeit habe ich bestimmte Formen und Rituale entwickelt. Für eine längere Begleitung habe ich Trauergruppen angeboten. Auch hier arbeitete ich mit hilfreichen Ritualen.

2. Seelsorge mit Eltern, die eine Tot- oder Fehlgeburt erleiden

ausgestoßen

ausgestoßen
hat sie ihr kind
die still gebärende

leer die arme
und das herz

ausgestoßen
aus dem land
der guten hoffnung

nur die sanfte hand
eines engels
schützt die seele
vor dem erfrieren

bist du es
mein verlorenes
wiedergefundenes kind

Antje Wenzel-Kassmer

2.1 *Kontaktangebot und Informationsmaterial*

Die Eltern werden in der Klinik von den Hebammen, Ärztinnen und Ärzten oder Pflegenden bei der Aufnahme auf der Station oder im Kreißsaal auf das Angebot der Seelsorge hingewiesen. Eine gute Möglichkeit, die Eltern mit Informationsmaterial zu versorgen, sind durchsichtige Tüten mit Flyern und Symbolgaben. Diese Tüten erhalten die Eltern, je nach Situation, vor oder nach der Geburt des Kindes. Wann der richtige Zeitpunkt ist, sich mit dem Inhalt zu beschäftigen, entscheiden sie sie selbst.

Beispiele für den Inhalt einer Tüte:

- Flyer der Seelsorge
- Informationsblatt zu den möglichen Formen der Bestattung. Da die Bestimmungen je nach Geburtsgewicht, Tot- oder Lebendgeburt unterschiedlich sind, sind die Informationsblätter entsprechend sortiert: unter 500 Gramm, über 500 Gramm, Lebendgeburt. Die Mitarbeitenden wählen die entsprechend beschrifteten Tüten je nach Fall aus.
- Flyer des Gräberfeldes für tot- und fehlgeborene Kinder
- Helios-Klinikum: Flyer zum Gedenkbild für Schmetterlingskinder im Raum der Stille, ein Papierschmetterling und Stifte zum Bemalen
- Flyer der örtlichen Trauergruppe
- Eine kleine Engelsfigur

2.2 Das Seelsorgegespräch

Wenn die Eltern sich selbst bei der Seelsorge melden oder über die Mitarbeitenden um einen Besuch bitten, ist es wichtig, sich viel Zeit zu nehmen. Je nachdem, in welcher Phase des Prozesses sie angetroffen werden, sind die Eltern noch fassungslos über die Nachricht, dass etwas mit ihrem Kind nicht stimmt, oder es stehen die quälenden Fragen im Vordergrund, wie sie die Geburt ihres toten Kindes überstehen sollen. Wenn die Eltern gerade sehr mit sich beschäftigt sind, z. B. wenn der Wehenschmerz eingesetzt hat oder wenn viele BesucherInnen im Raum sind, kann ein kurzer Kontakt jedoch sinnvoller sein als ein verkrampfter Versuch, ein Gespräch in Gang zu bringen, für das gerade nicht die passende Zeit ist.

Ist eine erste Beziehung entstanden, ist es hilfreich, in Worte zu fassen, was ich an Gefühlen wahrnehme, und zusammenzufügen, was mir, meist bruchstückhaft und stockend, erzählt wird. Was die Eltern bewegt, dreht sich immer um die gleichen Themen:

- Was ist mir überhaupt passiert? Ist es wahr? Hat es tatsächlich mich/uns getroffen – oder ist alles nur ein böser Traum?
- Wie konnte das geschehen? Es war doch alles gut. Die Schwangerschaft verlief doch normal. Es gab keinen Hinweis darauf, dass etwas nicht in Ordnung sein könnte.
- Habe ich etwas falsch gemacht? Habe ich mich übernommen? Hätte ich den Spaziergang nicht machen sollen? Den schweren Gegenstand nicht heben sollen? Waren die Tabletten, die ich eingenommen habe, als ich von der Schwangerschaft noch nichts wusste, die Ursache? Oder der Stress auf der Arbeit, ein Streit mit dem Partner oder in der Familie?
- Warum trifft es mich/uns? Warum ein unschuldiges Kind? Warum durfte es nicht leben? Das ist doch nicht gerecht. Warum tut Gott uns das an?
- Der Schmerz ist unerträglich. Wird er jemals aufhören? Ich bin vollkommen kraftlos. Ich kann so nicht leben. Das halte ich nicht aus.
- Wie kann es nun weitergehen? Wie sollen wir dem Leben wieder vertrauen? Alle unsere Pläne sind nun nichtig. Wir müssen unser Leben neu ordnen.
- Wie sagen wir es unseren Eltern und Verwandten? Wie den Geschwisterkindern, die sich auf das Baby gefreut hatten? Wie werden die Arbeitskollegen reagieren? Am liebsten möchten wir uns verkriechen, aber es ist so viel zu erledigen.
- Wie können wir die Beerdigung unseres kleinen Kindes überstehen? Der Gedanke daran ist unerträglich. Wir möchten damit nichts zu tun haben, doch unser Kind verdient einen guten Abschied.

Diese Gedanken und Themen werden in unterschiedlicher Reihenfolge und Intensität angesprochen. Ein Themenbereich kann viel Raum einnehmen, ein anderer nur am Rande eingebracht werden. Manche Themen kommen erst in einem zweiten Gespräch auf oder werden ganz vermieden.

Während des Erzählens blitzen oftmals auch erste Gedanken des Trostes auf. Vielleicht wollte Gott unser kleines Kind bei sich haben, als ein Engelchen. Vielleicht hatte er andere Pläne mit ihm als wir, die wir nicht begreifen können. Kann es sein, dass es unserem Kind jetzt gutgeht, dass es im Frieden ist? Da, wo es jetzt ist, sind noch andere liebe Menschen – der Opa, die Tante, ein Geschwisterchen. Wir haben die Möglichkeit, unserem Kind einen schönen Abschied zu bereiten. Wir nähen ihm ein eigenes Kleidchen. Wir geben ihm Gegenstände mit auf den Weg. Ein Bild, ein Herz, ein Licht. Wir geben ihm einen besonderen, schönen Namen und lassen ihn in einen Stein gravieren.

2.3 Das Kind und die Eltern segnen

Einen besonderen Trost kann ein persönlicher Segen geben. Ich biete den Eltern an, sie und ihr verstorbenes Kind zu segnen. Dieses Angebot nehmen die meisten Eltern gerne an, unabhängig von ihrer Religion oder ihrem Glauben. Dabei wähle ich eine Form des Segens, die religionsoffen ist. Kind und Eltern werden „Gott" oder „den guten Mächten des Himmels und der Erde" anbefohlen. Die Eltern fühlen sich gestärkt durch einen solchen Segen und spüren, dass mit diesem Ritual etwas Heilsames geschieht.

Gehören die Eltern der christlichen Religion an, stelle ich ihnen ein Heft mit einer Auswahl an Taufsprüchen zur Verfügung. Sie können sich einen Bibelspruch für ihr Kind selbst aussuchen. Da es nicht möglich ist, ein verstorbenes Kind zu taufen, ist das Segensritual mit einem persönlichen Bibelwort ein würdiger Ersatz. Wenn die Eltern es wünschen, stelle ich ihnen eine Urkunde über die Segenshandlung aus.

Es ist auch möglich, das Kind im Mutterleib zu segnen, unabhängig davon, ob es noch lebt oder schon verstorben ist. Dieses Ritual kann die Beziehung zum Kind stärken. Oft ist es so, dass die Mutter ihr Kind, wenn es bereits verstorben ist, als einen Fremdkörper in ihrem Bauch wahrnimmt. Das kann auch der Fall sein, wenn eine schwere Behinderung bei einem ungeborenen Kind festgestellt wurde und die Geburt eingeleitet wird. Dann setzen sich schlimme Vorstellungen in den Köpfen der Eltern fest. Wie sieht unser Kind aus? Ist es entstellt? Fehlen ihm Gliedmaßen? Können wir es uns ansehen nach der Geburt oder wird uns dieser Anblick ein Leben lang verfolgen? Mit dem Segensritual ermutige ich die Eltern, das ungeborene Kind als ihr Kind wahrzunehmen und anzunehmen. Dieses Kind ist immer noch ihr Kind, wie in den Wochen oder Monaten zuvor. Es wird ihr Kind bleiben und es wird sie zu seinen Eltern machen. Als Eltern können sie etwas Wichtiges für ihr Kind tun, indem sie die Geburt mit ihm gemeinsam durchstehen. Das Kind, auch wenn es nicht mehr lebt, will geboren werden. Es will auf die Welt kommen zu seinen Eltern, damit sie es sehen, in die Arme nehmen und von ihm Abschied nehmen können. So wird dem als sinnlos empfundenen Geburtsvorgang ein Sinn gegeben.

Mit dem Kind segne ich, wenn sie es wünschen, auch die Eltern. Ich ermutige sie, ihrem Kind einen Namen zu geben, damit sie von ihm als einer Person und nicht einer Sache sprechen können. Wenn sie ihm keinen Namen geben möchten, können sie auch einen Kosenamen wählen.

2.3.1 *Segenstexte*

Segnung des Kindes im Mutterleib

Sei gesegnet, geliebtes Kind (*Namensnennung*).
Möge dein Weg auf diese Welt sanft sein.
Mögest du auf deinem Weg in den Himmel von Engeln getragen sein.
Die Liebe deiner Mutter und deines Vaters mögen dich begleiten.
Die Liebe Gottes möge dich umhüllen.
So sei behütet und beschützt.

Segnung der Mutter mit dem ungeborenen Kind

Sei gesegnet,
du und dein kleines Kind.
Eure Liebe, die euch verbunden hat und noch immer verbindet,
möge euch tragen.

Sie möge euch Kraft geben für die Geburt,
für den Weg von (*Namensnennung*) in diese Welt.
Die Liebe Gottes möge euch begleiten,
heute und auf allen Wegen.
So seid behütet und beschützt.

Segnung der Eltern nach der Geburt

Euer Kind ist geboren.
(*Namensnennung*) hat euch zu Mutter und Vater gemacht.
Ihr empfindet eine besondere, nie zuvor empfundene Liebe.
Bewahrt sie als etwas Heiliges und Kostbares.
Seid gesegnet auf den Wegen, die ihr jetzt gehen werdet.
Möget ihr sie in der Liebe weitergehen,
die euch jetzt erfüllt.
Möge eure Liebe zueinander euch tragen.
Mögen eure Schritte immer sicherer werden,
dass ihr wieder festen Boden unter den Füßen spürt.
Möget ihr Gott vertrauen,
der immer an eurer Seite ist.
Er segne und behüte euch und gebe euch eine gute Zukunft.

Segnung des Kindes nach der Geburt

(*Namensnennung*),
du bist geboren.
Du hast den Weg in diese Welt geschafft.
Die Liebe deiner Eltern hat dich begleitet.
Die Liebe Gottes hat dich umhüllt.
So sei gesegnet auf deinem Weg in den Himmel.
Mögen Engel dich empfangen
und dich in das ewige Licht geleiten.
Möge deine Seele dort Frieden finden
für immer.

Wenn gewünscht: Verlesen des „Taufspruchs“

2.4 Nach der Geburt

2.4.1 Das Kind ankleiden

Wenn die Eltern es wünschen, dürfen sie ihr Kind ankleiden. Geburtskliniken stellen für die tot- und fehlgeborenen Kinder von Ehrenamtlichen angefertigte kleine Schlafsäckchen zur Verfügung. In dieses Säckchen können die Eltern ihr Kind betten. In der Regel werden die Kinder jedoch noch im Kreißsaal in das Säckchen gelegt und den Eltern überreicht. Manche der Säckchen haben eine Haube, die über das Köpfchen gezogen werden kann. Manchen sind Mützchen beigefügt, Miniteddys oder Schmetterlinge, von denen einer bei dem Kind verbleibt und der zweite bei den Eltern.

2.4.2 Erinnerungsfotos

Viele Eltern machen eigene Handyfotos von ihrem Kind. Diese Fotos sind jedoch selten von einer befriedigenden Qualität. Die Haut der Kinder ist meist sehr dunkel und verfärbt sich stündlich mehr. Hautverletzungen und Blutungen wirken störend und verstörend. Eltern sehen ihre Kinder, wenn sie sie nach der Geburt im Arm halten, mit dem besonderen Blick liebender Eltern. Oft nehmen sie unschöne Dinge, die auf den Fotos später sichtbar werden, mit den eigenen Augen nicht wahr.

Darum nehmen Eltern gerne das Angebot an, Fotos von ehrenamtlichen Sternenkinderfotografen und -fotografinnen machen zu lassen. So haben sie die Möglichkeit, bearbeitete, „ansehnliche" Erinnerungsfotos zu erhalten. Die Fotografin oder der Fotograf kommt in Absprache mit den Eltern ins Krankenhaus, um im Zimmer oder zu einem späteren Zeitpunkt in der Pathologie Fotos zu machen.

2.4.3 Die Schatzkiste

Den meisten Eltern ist wichtig, dass ihr Kind bis zur Beerdigung würdevoll aufbewahrt bleibt. Viele wollen wissen, wo ihr Kind bis dahin ruht, und wie der Transport von der Station in die Pathologie vonstattengeht. Auch den Hebammen und Pflegenden ist ein würdevoller Transport wichtig.

Im Helios-Klinikum Krefeld hat die Krankenhausseelsorge eine Künstlerin mit der Anfertigung einer Transportkiste für die tot- und fehlgeborenen Kinder beauftragt.

Die Künstlerin Marion Maas (Neukirchen-Vlyn) gestaltete eine „Schatzkiste“ mit einer kostbaren Glasintarsienarbeit.

Blumen umranken die Kiste; sie ist mit Gold verziert – kostbar wie das Leben der kleinen Kinder. Für ihre Eltern sind sie ein Schatz und so werden sie mit diesem Behältnis gewürdigt und geehrt. Die „Schatzkiste“ macht allen, die mit dem Tod der kleinen Kinder zu tun haben, deutlich, dass es sich bei ihnen nicht um eine Sache (wie die Begriffe Totgeburt oder Fehlgeburt nahelegen) handelt, sondern um einen Menschen. Früh verstorbene Kinder sind Kinder, die Eltern und Familien haben, die um sie trauern, die geliebt sind und deren Andenken zu bewahren ist.

3. Die jährliche Gedenkfeier für trauernde Eltern

du und ich

du bist mein stern
der mir sagt
dass der himmel nicht seelenlos ist

du bist meine sonne
die licht auf meine trauerwege fallen lässt

du bist der regen
der die sorgen abwäscht
aus meinem trauergesicht

du bist der wind
der mich belebt
wenn die trauer
mir den atem stocken lässt

du bist die hand
die mich hält
wenn die schritte
sich im abgrund der trauer verlieren

du bist es
mein kind
du bist mir stern und sonne
regen und wind
und die hand die immer
in der meinen sein wird

Antje Wenzel-Kassmer

3.1 Worldwide Candle Lighting – weltweite Gedenkfeier für verstorbene Kinder

Weltweit wird jedes Jahr am zweiten Sonntag im Dezember um 19.00 Uhr aller verstorbenen Kinder gedacht. Es finden Andachten und Gedenkgottesdienste statt, in denen die Eltern für ihre Kinder Kerzen entzünden. Menschen in aller Welt stellen um 19.00 Uhr brennende Kerzen in die Fenster als Zeichen, dass die Kinder das Leben ihrer Familien erhellt haben und dass sie nie vergessen werden. Das „Worldwide Candle Lighting" wurde von den „Compassionate Friends" ins Leben gerufen, einer amerikanischen Vereinigung trauernder Eltern. Durch das gleichzeitige Entzünden von Kerzen in allen Ländern der Welt soll, bedingt durch die verschiedenen Zeitzonen, eine Lichterwelle um die ganze Erde laufen.

In Deutschland wurde das Candle Lighting vom *Bundesverband Verwaiste Eltern in Deutschland e.V.* eingeführt. In jedem Jahr werden Themenvorschläge und Ideen zur Gestaltung auf der Internetseite des Bundesverbandes veröffentlicht.

In Krefeld wurde das Candle Lighting erstmals im Jahr 2002 begangen und findet seitdem jährlich statt. Inzwischen hat der Oberbürgermeister die Schirmherrschaft dafür übernommen. Er ruft die Krefelder Bürger in jedem Jahr zum 2. Sonntag im Dezember auf, ebenfalls am Abend Kerzen aufzustellen.

Vorbereitet und gestaltet wird die Gedenkfeierfeier von einem Kreis, dem Frauen verschiedener Konfessionen und Religionen angehören. Als Ort haben wir eine evangelische Kirche gewählt. Obwohl dieser Ort nicht religionsneutral ist, finden sich zu den Feiern Familien aller Religionen und Glaubensrichtungen ein. Es gab Diskussionen im Vorbereitungskreis, ob wir während des Gedenkens das Kreuz auf dem Altar abdecken und die Bibel entfernen sollten, um Rücksicht auf Nichtchristen zu nehmen. Doch niemand nahm bisher Anstoß an den christlichen Symbolen.

Zu den Gedenkfeiern dekorieren wir den Altarraum entsprechend dem Symbol, das durch die jeweilige Feier führt. Vorschläge zur Gestaltung und Dekoration finden sich bei den Ausführungen zu den Symbolen.

3.2 Das Credo der Compassionate Friends in einer deutschen Übertragung

Wir sind nicht allein.
In unserer Gemeinschaft erfahren wir
liebevolle Zuwendung und Verständnis;
hier finden wir Hoffnung.
Unsere Kinder sind gestorben,
in unterschiedlichem Alter, aus unterschiedlichen Gründen.
Was uns vereint, ist unsere Liebe zu ihnen.
Dein Schmerz ist auch mein Schmerz,
so wie deine Hoffnung auch meine Hoffnung ist.
Wir kommen zusammen aus unterschiedlichen Lebenssituationen,
und bilden doch eine Familie, die zusammensteht.
Unter uns finden sich unterschiedliche Nationen und Glaubensrichtungen.
Einige von uns sind jung, andere alt.
Einige kommen ganz gut zurecht mit ihrer Trauer,
andere spüren auch nach langer Zeit noch
einen so intensiven Schmerz, dass sie sich hilflos fühlen
und keine Hoffnung mehr sehen.
Einige von uns finden eine Kraftquelle in ihrem Glauben,
andere ringen noch um Antworten.
Einige von uns sind wütend,
voller Schuldgefühle oder in tiefer Depression,
andere strahlen inneren Frieden aus.
Aber welchen Schmerz wir auch mitbringen in unsere Zusammentreffen,
wir teilen ihn miteinander,
so wie wir die Liebe zu unseren Kindern miteinander teilen.
Wir alle sind auf der Suche und kämpfen damit, für uns eine neue Zukunft
aufzubauen, aber wir verpflichten uns, das miteinander zu tun.
Wir gehen in Liebe aufeinander zu, teilen unseren Schmerz miteinander
ebenso wie unsere Freuden, die Zeiten der Wut und des Friedens,
des Glaubens und der Zweifel. Wir wollen einander helfen, zu trauern
und in der Trauer zu wachsen. Ihr müsst euren Weg nicht allein gehen!

*(frei übersetzt aus dem Englischen:
Antje Wenzel-Kassmer)*

Der Text sollte nicht zu lang werden, wenn er während der Feier verlesen wird. Es bietet sich an, Passagen auszuwählen. Er könnte auch im Ganzen in einem Programmheft abgedruckt werden. Den englischen Originaltext findet man auf der Internetseite der TFC.

3.3 Zum Ablauf des Candle Lighting

Für das Candle Lighting wurde ein fester Ablauf entwickelt. Viele der Eltern kommen in jedem Jahr wieder, um ihrer Kinder zu gedenken. Sie finden einen vertrauten Ablauf vor und können sich auf das einstellen, was sie in der Gedenkfeier erwartet. Zu jedem Candle Lighting geben wir den Eltern eine Erinnerung an das Symbol mit, das in der Feier thematisiert wurde: eine Bildkarte oder einen Gegenstand. Viele Eltern sammeln Karten und Gegenstände aus den Gedenkfeiern und legen sie an den Gedenkort, den sie für ihre Kinder eingerichtet haben.

Die Eltern sind zu Beginn der Gedenkfeier eingeladen, die Bildkarten mit dem Namen ihres Kindes zu beschriften. Die Karten werden an einen „Kartenbaum" gehängt, der neben dem Altar steht. Dort bleiben sie bis zum Entzünden der Kerzen hängen. Dann werden sie nacheinander abgenommen, um die Namen der Kinder zu verlesen. Die Eltern und Familien des genannten Kindes kommen nach vorne, zünden eine Kerze an, stellen sie auf die Altarstufen und legen ihre Karte dazu. Am Ende der Feier nehmen die Eltern ihre Kerze mit nach Hause.

Zum Entzünden der Kerzen stellt die Krankenhausseelsorge kostenlos Kerzen zur Verfügung. Die Eltern haben aber auch die Möglichkeit, ihre eigenen Kerzen mitzubringen. In den Trauergruppen wird bei den Treffen vor dem Candle Lighting ein gemeinsames Kerzenbasteln angeboten.

Musik spielt eine große Rolle bei diesen Gedenkfeiern. Musik kann Trost vermitteln, beruhigen und die Hoffnung stärken. Die Auswahl der Musik ist jedoch nicht einfach. Man wird nicht den Musikgeschmack aller treffen können. Was den einen tröstet, bringt die andere nur tiefer in ihren Schmerz. Die Musik sollte ruhig sein, aber nicht zu getragen; leicht, aber nicht zu beschwingt. Sehr bewegte Musikstücke wühlen auf. Bei Musikstücken mit Gesang muss auf den Text geachtet werden. Auch hier können die Gefühle der Eltern zu stark aufgerüttelt werden, da die Verbindung von Text und Musik eine besonders intensive Wirkung entfaltet. Gute Erfahrung haben wir mit „Lifemusik" mit ruhigen Instrumenten gemacht: Soloflöte, Horn, Sansula, Keyboard, Summen eines Liedes zur Gitarre. Die Kirchenorgel ist ein Instrument, dessen Intensität viele Eltern irritiert, insbesondere, wenn sie mit dieser Art der Musik nicht vertraut sind.

Manchmal äußern Eltern auch Musikwünsche für das Candle Lighting. Sie nennen uns die Musikstücke, die sie zu Hause hören, wenn sie ihren Gefühlen freien Lauf lassen möchten. Es ist jedoch gut zu überlegen, ob man auf diese Musikwünsche eingehen soll. Die Eltern sind leicht überfordert, wenn sie während einer Gedenkfeier mit vielen unbekannten Menschen mit ihren starken Gefühlen konfrontiert werden.

Für viele der Symbole, die durch die Gedenkfeiern führen, haben wir thematisch passende Lieder gefunden. Da sie nicht allen Teilnehmenden bekannt sind, verwenden wir sie in Form eines Liedvortrags, begleitet auf dem Keyboard. Die Teilnehmenden sind eingeladen zum Mitsingen.

Jedes Candle Lighting schließt ab mit einem Segenswunsch. Nach meiner Erfahrung nehmen Eltern gerne einen Segen an, auch ohne eine Glaubensbeziehung zu einem bestimmten Gott zu haben oder zu pflegen. Gute Wünsche, von Herzen ausgesprochen, haben eine besondere Wirkung. Die meisten Eltern sind während des Segens bewegt und ergriffen, weil sie spüren, dass mit dem Segnen etwas Heilvolles und Heilsames geschieht.

Da viele Eltern und Familien kleinere Kinder haben, die sie nicht alleine zu Hause lassen können, ist es hilfreich, eine Kinderbetreuung während der Gedenkfeier anzubieten. Dazu werden die Kinder in einem Nebenraum in der Kirche versammelt. Bastel- und Malvorschläge zum Symbol der Gedenkfeier werden angeboten. So sind die Kinder in das Gedenken der Eltern einbezogen.

Der Ablauf

- Musik
- Begrüßung der Eltern und Familien, Einführung in das Symbol der Gedenkfeier
- Musik
- Text(e) zum Symbol
- Musik
- Ansprache
- Musik
- Verlesen der Botschaft der Compassionate Friends
- Einladung zum Kerzenentzünden
- Verlesen der Namen, Entzünden der Kerzen
- Musik
- Liedvortrag/ gemeinsames Singen
- Segenswunsch
- Einladung zum Beisammensein bei heißen Getränken und Gebäck

3.4 Symbole für Gedenkfeiern

3.4.1 Candle Lighting zum Symbol „Regenbogen“

Einführung in das Symbol

In fast allen Religionen und vielen alten Mythen hat dieses Symbol eine besondere Bedeutung. Der Regenbogen wird als eine Verbindung zwischen göttlicher und irdischer Welt gesehen. Er vermittelt Botschaften Gottes an uns Menschen. Der Regenbogen kann auch trauernden Eltern ein Botschafter sein und erzählen, dass es eine Brücke gibt zwischen dem irdischen Ort, an dem sie leben, und dem Ort, an dem ihre Kinder jetzt ruhen.

Ansprache

Liebe Eltern und Familien, ein Regenbogen entsteht, wenn Regen und Sonne gemeinsam am Himmel zu finden sind. Sie stehen nun im Regen. Der Himmel Ihres Lebens ist verhangen. Die Trauer hat Ihnen alle Farben des Lebens genommen.

Bunt war Ihr Leben. Sie waren guter Hoffnung. Sie haben sich gefreut auf eine gemeinsame Zeit mit Ihrem Kind. Oder Sie haben

Ihr Leben geteilt mit Ihrem Kind, eine lange oder kurze Zeit. Sie haben die Welt mit ihm gemeinsam entdeckt. Neue Farben für Ihr Leben gefunden.

Und nun ist alles um Sie dunkel. In der Dunkelheit gibt es keine Farben mehr. Sie sind noch da, aber unsere Augen können sie nicht mehr wahrnehmen. Wir brauchen einen Lichtblick, um Farben sehen zu können.

Die Welt muss im Regen stehen, wenn seine Farben aufleuchten sollen. Der Regen lässt die Farben erst entstehen und bringt sie zum Leuchten.

Ihr Schmerz, Ihre Trauer, die Ihnen so unerträglich erscheinen, bringen eines Tages neue Farben des Lebens hervor. Dann, wenn ein Lichtstrahl in Ihr Leben fällt.

Haben Sie schon einmal eine Sonnenuhr gesehen? Sie zeigt die Zeit nur an, wenn Schatten auf sie fallen. So ist es auch mit unserem Leben. Licht und Schatten, Regen und Sonnenschein gehören zusammen.

Wenn die Sonne auf einen Regenschauer fällt, wird der Himmel in wunderbare Farben getaucht. Alle Farben, die unsere Augen wahrnehmen können, sind da: vom tiefen Violett über Blau, Grün, zartes Gelb, warmes Orange und kräftiges Rot. Jede dieser Farben hat uns etwas zu sagen.

Violett ist eine stille Farbe. In der Liturgie der Kirche ist sie für die Fastenzeit bestimmt, eine Zeit des Rückzugs, Innehaltens und Verzichtens. Sie passt zur Zeit der Trauer, in der das Leben stillsteht.

Mit der Farbe **Blau** verbinden wir die Weite des Himmels und die Tiefe des Meeres. Die Wogen des Meeres können uns mitreißen wie die Trauer und der Schmerz. Doch an den Wassern finden wir auch Ruhe. Ein stiller See beruhigt die aufgewühlte Seele. Das gleichmäßige Sprudeln eines rauschenden Baches bringt widersprüchliche Gefühle in einen Gleichklang. Das unendliche Blau des Himmels lässt uns die Ewigkeit des Lebens ahnen. Unser Horizont beginnt sich zu weiten.

Unser Wort „**Grün**“ leitet sich her aus dem alten germanischen Wort „grho“. Es bedeutet wachsen, gedeihen. Grün ist die Farbe gedeihenden Lebens. Im Frühling, wenn die ersten grünen Spitzen die kalte Erde durchbrechen und sich ans Licht wagen, keimt auch in uns die Hoffnung auf, dass das Leben über Kälte und Wüste siegt. Der Winter der Trauer wird eines Tages übergehen in den Frühling der Hoffnung. Zaghaft beginnen wir, uns wieder dem Leben zu öffnen.

Wenn wir an die Farbe **Gelb** denken, kommen viele Bilder in uns auf – wir verbinden sie mit der Sonne, sehen Sommerwiesen vor uns, Sonnenblumen und fröhliche Menschen. Gelb weckt die Lebensgeister. Die Sinne erwachen. Das Dunkel der kalten Jahreszeit liegt weit hinter uns. Trauernde empfinden die Farbe Gelb oft als zu grell, zu laut. Doch beim Sonnenaufgang und bei ihrem Untergang, wenn das Licht weicher wird, denken wir an unsere Kinder, die ins Licht gegangen sind. Und dass dieses Licht auch uns erwärmen will.

Die Farbe **Orange** ist sanfter als das Gelb und gibt ein Gefühl der Geborgenheit. Wir verbinden mit ihr wunderschöne Sommerabende, erfrischende Früchte, Tanz und Lebenslust.

Auch Menschen in tiefer Trauer werden angesteckt von dem prallen Leben, das in ihr pulsiert. Sie fühlen sich warm, aufgehoben in der Kraft, die aus ihr strömt. Eines Tages wird etwas von dieser Kraft in sie übergehen.

Rot ist voller Energie und Wärme. Rot wie das Blut, unser Lebenssaft. Wenn wir verletzt werden, bluten wir, und wenn unsere Seele verwundet ist, blutet unser Herz.

Rot steht für tiefe Gefühle: Wut, Leidenschaft, und Liebe. Der Schmerz, den wir empfinden nach dem Tod unserer Kinder, ist Liebe. Und die Liebe ist es auch, die die Grenzen überwindet zwischen dem Land der Lebenden und dem Land der Toten.

Zu welcher Farbe fühlen Sie sich hingezogen, jetzt, an diesem Abend? In welcher Phase der Trauer befinden Sie sich? Vielleicht sind es mehrere Farben, in denen Sie sich wiederfinden. Vielleicht können Sie sich auch noch nicht vorstellen, dass Ihr Leben eines Tages wieder Farben haben kann. Das Dunkel ist noch so stark. Das Licht dringt noch nicht durch.

Doch Ihre Sehnsucht, wieder Licht in Ihrem Leben zu sehen, wird Sie führen. Ihre Kinder werden Ihnen den Weg zeigen. Denn sie leben nun in einem Licht, das heller und strahlender ist als der schönste Regenbogen.

Bildmeditation

Diese Karte und alle anderen von Sieger Köder
können beim Ver Sacrum Verlag erworben werden.

Das Kind in diesem Bild ist behütet.
Liebende Hände umgeben es, schützen es.
Warmes Licht umhüllt es.
Alle Farben des Regenbogens
machen seine Welt bunt und schön.
Es ist die Liebe, die seiner Umgebung
die warmen Farben gibt.
Freude strahlt aus seinem Gesicht,
und eine tiefe Zufriedenheit.
Es weiß, dass es niemals herausfallen kann
aus der Liebe, die ihm geschenkt ist,
und in der es für immer glücklich ist.
Antje Wenzel-Kassmer

Gebet
Gott, du hast den Himmel für uns bunt gemacht. Du hast ihn in die Farben deiner Liebe getaucht. Wir müssen nicht mehr schwarzsehen, wenn sich dunkle Wolken über uns zusammenbrauen. Wenn alles grau in grau ist, schickst du uns bunte Lichtblicke, die uns neue Hoffnung geben. Dein Bogen sagt uns: mein Segen ist über dir, alle Tage deines Lebens.
Antje Wenzel-Kassmer

Musikvorschlag:
„Somewhere Over The Rainbow“ (Israel Kamakawiwo’ole)

Segen

regenbogensegen
gott spanne seinen bogen über dir aus
dass dir das leben leuchte
in allen farben
und deine tränen
das licht des himmels spiegeln
Antje Wenzel-Kassmer

3.4.2 Candle Lighting zum Symbol „Wasser“

Einführung in das Symbol

Wasser wird in den Mythen der Religionen als Ursubstanz allen Lebens gesehen. Wasser gilt als Symbol des Lebens. Es steht für Lebenskraft, Erneuerung und Reinigung. Flüsse und Quellen werden in den unterschiedlichsten Religionen als heilige und heilende Orte angesehen.

Fließendes Wasser in einem Strom oder Bach weckt eine Ahnung vom Ewigen, immer Wiederkehrenden. Zugleich ist es ein Sinnbild für Vergehendes, Zerrinnendes.

Insbesondere als Quelle erinnert Wasser an die Geburt und beginnendes Leben. Wildes und tiefes Wasser repräsentiert aber auch das Chaos, das das Leben bedroht.

Die vielen Facetten des Wassers spiegeln die sehr unterschiedlichen Phasen der Trauer wider: tiefes Aufgewühltsein; das Gefühl, weggeschwemmt zu werden und sich aufzulösen; das Suchen nach inneren Quellen, die neue Kraft geben; die wieder aufkommende Hoffnung, dass das Leben ein ewiger Kreislauf ist, in dem nichts verloren geht.

Vorbereitung

Dekoration: Vor dem Altar wird aus blauen Tüchern ein Strom gelegt; am Rand des Stromes wird Sand ausgestreut (alternativ: sandfarbene Tücher, die mit Steinen belegt werden)

Die Teilnehmenden erhalten ein Papierschiffchen (selbst gefaltet). Das Schiffchen kann mit dem Namen des verstorbenen Kindes beschriftet und nach der Ansprache in den ausgelegten Strom gesetzt werden.

Ansprache

Liebe Eltern und Familien, Wasser ist ein faszinierendes Element. Es kann sich verwandeln. Es kann die Farbe der Umgebung annehmen, den Himmel spiegeln oder die Bäume am Ufer. Es kann ruhig und still als See daliegen, und dann unvermittelt in einen reißenden Strom oder einen Wasserfall übergehen. Wasser kann bedrohlich sein für Leben, wenn es sich zu Wellen auftürmt, in denen sogar riesengroße Schiffe untergehen, oder wenn es sich auf das Land ergießt und Küsten und Städte überschwemmt. Wasser kann aber auch Leben schenken, wie es in einem Wüstenstaat wie Ägypten deutlich wird. Dort ist nur der schmale Streifen rund um den Nil fruchtbar, während einige Kilometer vom Fluss entfernt die Wüste vorherrscht. Ohne Wasser können wir nicht leben.

Sie, liebe Eltern und Familien, erleben die Zeit der Trauer um Ihr Kind als Wüstenzeit. Die Grundlage Ihres Lebens, die Hoffnung und der Glaube an eine gute Zukunft, sind Ihnen entzogen worden. Sie fühlen sich leer, ausgedörrt, kraftlos. Manchmal ist nicht einmal mehr die Kraft da, um zu weinen. Nichts fließt mehr; das Leben stagniert. Da ist keine Quelle in Sicht, aus der Sie auftanken könnten. Es geht um nichts weiter als um das Überleben in einer als bedrohlich erlebten Welt.

Das Leben ist wie ein Fluss. Es ist ein ständiges Auf und Ab. Mal bewegen wir uns wie auf einem breiten Strom, der uns sanft und sicher trägt; mal geraten wir in Strudel, die uns mitreißen; mal bewegt sich gar nichts mehr, weil der Fluss des Lebens zu versanden droht.

Wenn wir uns dort befinden, wo der Strom des Lebens unterbrochen und das Schiff des Lebens gestrandet ist, dann brauchen wir Kräfte, die es in neues Fahrwasser ziehen. Die eigenen Kräfte reichen dazu meist nicht aus. Wir brauchen andere, die sich in diese Wüste wagen, die unsere Not erkennen und bereit sind, auf uns zuzugehen. Was würden wir tun, ohne solche Menschen, die verstehen, dass uns selbst alle Kraft und Motivation fehlt? Und die auch dann noch an unserer Seite stehen, wenn wir uns weigern, in das wieder flott gemachte Schiff einzusteigen, weil wir es noch nicht ertragen können, dass das Leben einfach so weitergeht wie bisher? Ohne die Menschen, die so geduldig für die Trauernden da sind, wären sie verloren. Oft sind diese geduldig wartenden und zugleich zupackenden Menschen solche, die selbst betroffen sind von einem schweren Schicksal. Es sind vor allem die trauernden Eltern in unseren Gruppen, die einander Halt geben.

Aber auch unsere inneren Quellen können viel bewirken. Sie versiegen nie ganz. Die Leben schaffenden Quellen schlummern tief in uns. Die Quellen der Liebe zum Beispiel. Die Liebe wird immer fließen. Der Tod hat keine Macht über die Liebe. Alles kann er uns nehmen, aber nicht das, was unser Herz mit den Herzen unserer Kinder verbindet. Und auch die Hoffnung stirbt nur selten ganz.

Sie lebt in uns weiter als winziger Tropfen; und ab und an, unmerklich, kommt ein neues Tröpfchen dazu, bis eines Tages wieder etwas fließt und in uns in Bewegung kommt. Dann kann ich auf einmal, nach langer, versteinerter Zeit wieder weinen. Dann stelle ich fest, dass ich etwas genießen kann, obwohl mir nichts mehr Freude gemacht hat. Dann nehme ich mir etwas vor, plane einen Schritt in die Zukunft, von der ich glaubte, dass es sie für mich nicht mehr gibt.

Am stärksten wird die Quelle der Hoffnung durch den Glauben genährt. Ob dieser Glaube christlich ist, muslimisch, buddhistisch oder ohne Anbindung an eine Religionsgemeinschaft – es gibt einen gemeinsamen Kern. Der Glaube, dass das, was in der Wüste des Lebens verloren geht, nicht für immer verloren ist, sondern anders zu uns zurückkehrt. So wie der Fluss, der von der Sonne aufgesogen wird und als Regen zurückkehrt. Das, was unseren Augen und Händen entzogen ist, ist nicht weg, sondern nur an einem anderen Ort, und es kommt irgendwann als Segen zu uns zurück.

In der Bibel verspricht Gott: „Ich will Wasser gießen auf das Durstige und Ströme auf das Dürre." Da fließt ein Strom mitten in einer Wüste. An seinen Ufern entsteht neues Leben und am Ende ergießt er sich in den großen Ozean der Ewigkeit.

Die Wüste unseres Lebens verwandelt sich, wenn wir es wagen, uns tragen zu lassen. Dann wird eines Tages unser Leben wieder ins Fließen kommen und uns wird bewusst sein, dass wir alle ein Teil des großen Stroms des Lebens sind, unterwegs zum gleichen Ziel.

Die verstorbenen Kinder sind bereits unterwegs in diesem großen Strom; sie haben sich bereits verwandelt. Für sie gibt es keine Wüste mehr. Sie werden getragen vom nie versiegenden Strom der Liebe Gottes oder Allahs oder der großen Urkraft des Lebens, wie immer wir sie auch nennen mögen.

Sie laden uns ein, in ihr Himmelsschiff zu steigen. Und wenn Sie gleich beim Entzünden der Kerzen Ihre Schiffchen mit den Namen der Kinder symbolisch in den Himmelsozean setzen, dann wünsche ich Ihnen, dass diese Geste Sie begleitet durch die Zeit der Trauer und Ihre Hoffnung stärkt.

Aus Psalm 69

Befreie mich, Gott!
Wasser sind gestiegen – bis an meine Kehle.
Ich bin versunken im Schlamm des Abgrunds, es gibt kein Halten.
Ich bin in Wassertiefen geraten, die Flut reißt mich fort.

Müde bin ich von meinem Rufen, heiser mein Hals.
Matt sind meine Augen geworden.

Fremd bin ich meinen Geschwistern geworden,
fern den Kindern meiner Mutter.

Mein Gebet geht zu dir, Lebendige.
Reiß mich aus dem Morast heraus, dass ich nicht versinke,
dass ich gerettet werde aus Wassertiefen;
dass mich die Wasserflut nicht fortreißt,
der Abgrund mich nicht verschlingt.

Antworte mir, Lebendige!
Weil dein Erbarmen groß ist, wende mir dein Angesicht zu!
Verbirg dein Angesicht nicht vor mir.

Nur du hast meine Demütigung erkannt,
meine Bloßstellung und meine Scham.
Demütigung zerbrach mein Herz, unheilbar.

Ich hoffte auf ein Zunicken – nichts.
Auf Menschen, die trösten – ich fand keine.

Ich, elend, voller Schmerz bin ich.
Gott, gebe mir Sicherheit.
Ja, auf die Armen hört die Lebendige.

Bibel in gerechter Sprache

Der Strom und die Wüste

Ein Strom floss von seinem Ursprung in fernen Gebirgen durch sehr verschiedene Landschaften und erreichte schließlich die Sandwüste. Genau so, wie er alle anderen Hindernisse überwunden hatte, versuchte er nun auch, die Wüste zu durchqueren.

Aber er merkte, dass (...) seine Wasser verschwanden. Er war jedoch überzeugt davon, dass es seine Bestimmung sei, die Wüste zu durchqueren, auch wenn es keinen Weg gab. Da hörte er, wie eine verborgene Stimme, die aus der Wüste kam, ihm zuflüsterte: „Der Wind durchquert die Wüste, und der Strom kann es auch." Der Strom wandte ein, dass er sich doch gegen den Sand werfe, aber dabei nur aufgesogen würde; der Wind aber kann fliegen und deshalb vermag er die Wüste zu überqueren.

„Wenn du dich auf die gewohnte Weise vorantreibst, wird es dir unmöglich sein, sie zu überqueren. Du wirst entweder verschwinden, oder du wirst ein Sumpf. Du musst dem Wind erlauben, dich zu deinem Bestimmungsort hinüberzutragen." Aber wie sollte das zugehen? „Indem du dich von ihm aufnehmen lässt." Diese Vorstellung war für den Fluss unannehmbar. Schließlich war er noch nie zuvor aufgesogen worden. Er wollte keinesfalls seine Eigenart verlieren. Denn wenn man sich einmal verliert, wie kann man da wissen, ob man sich je wieder gewinnt? „Der Wind erfüllt seine Aufgabe", sagte der Sand. „Er nimmt das Wasser auf, trägt es über die Wüste und lässt es dann wieder fallen. Als Regen fällt es hernieder, und das Wasser wird wieder ein Fluss." „Woher kann ich wissen, ob das wirklich wahr ist?" „Es ist eben so, und wenn du es nicht glaubst, kannst du eben nur ein Sumpf werden. Und auch das würde viele, viele Jahre dauern; und es ist bestimmt nicht dasselbe wie ein Fluss."

„Aber kann ich nicht derselbe Fluss bleiben, der ich jetzt bin?" „In keinem Fall kannst du bleiben, was du bist", flüsterte die geheimnisvolle Stimme. „Was wahrhaft wesentlich ist an dir, wird fortgetragen und bildet wieder einen Strom. (...)"

Als der Strom dies alles hörte, stieg in seinem Innern langsam ein Widerhall auf. Dunkel erinnerte er sich an einen Zustand, in dem der Wind ihn (...) auf seinen Schwingen getragen hatte (...)

Und der Strom ließ seinen Dunst aufsteigen in die Arme des Windes, der ihn willkommen hieß, sachte und leicht aufwärts trug, und ihn sobald sie nach vielen, vielen Meilen den Gipfel des Gebirges erreicht hatten, wieder sanft herabfallen ließ. Und weil er voller Bedenken gewesen war, konnte der Strom nun in seinem Gemüte die Erfahrungen in allen Einzelheiten viel deutlicher festhalten und erinnern ... Er erkannte: „Ja, jetzt bin ich wirklich ich selbst."
Aus „Das Märchen von Wind und Wasser" von Idries Shah

an neue ufer

ich will mich tragen lassen
von den wogen der trauer
weiß nicht
wohin sie mich bringen
im auf und ab des lebens
an welches land sie mich spülen
vielleicht
stehe ich eines tages auf
und gehe
an neue ufer
Antje Wenzel-Kassmer

strom der liebe

mögest du festen halt finden
wenn der strom des lebens dich fortreißt
und deine füße den sicheren grund verlieren

mögest du eine frische quelle der kraft finden
wenn die wasser deines lebens
nicht mehr fließen

möge der strom deiner liebe
nie versiegen
er trage dich dorthin
wo nichts mehr uns voneinander trennt
Antje Wenzel-Kassmer

3.4.3 Candle Lighting zum Symbol „Schneeflocke“

Einführung in das Symbol

Schneeflocken bringen Glanz und Licht in unsere graue Welt und verzaubern sie. Ihre Schönheit aber ist vergänglich.

Trauernde Eltern, deren Kinder einen besonderen Glanz und Zauber in ihr Leben gebracht hatten, mussten erfahren, wie vergänglich dieses Glück ist. Was bleibt, ist die Einzigartigkeit ihrer Kinder. So, wie jede Schneeflocke ein wundervolles einmaliges Gebilde ist, waren und sind die Kinder unverwechselbare Geschöpfe. Der Zauber ihres Lebens bleibt für immer, auch wenn sie nur kurz auf dieser Erde sein durften.

Ansprache

Liebe Eltern und Familien, Schneeflocken sind einzigartig. Uns ist das kaum bewusst, weil wir eine einzelne Schneeflocke gar nicht wahrnehmen. Sie kommen ja auch selten allein vom Himmel geschneit, sondern wenn die Wolken sich öffnen, schütten sie gleich eine ganze Flut davon aus.

Schneeflocken sind leicht und vergänglich. Wir bekommen sie kaum zu fassen. Halten wir die Hände in das Schneetreiben, zerschmelzen die Flocken, die in unsere Hände fallen, sofort. Nur manchmal verweilen sie ein wenig länger auf unserer Kleidung, und machen dunkle Mäntel hell. Doch wer ihre Einzigartigkeit erkennen will, muss schon ganz genau hinsehen. Was mit bloßem Auge nicht erkennbar ist, wird unter dem Mikroskop sichtbar: Jede Schneeflocke ist ein kleiner Kristall. Wunderschön geformt, symmetrisch, vollkommen, vollendet. Schneeflocken glitzern geheimnisvoll in der Sonne oder im Mondlicht und wirken dann überirdisch. Und das sind sie ja auch, obwohl sie aus einem Element bestehen, das auf der Erde zu finden ist, und immer wieder zur Erde zurückkehrt: aus Wasser.

Wasser ist wandelbar. Es sammelt sich in Meeren, Flüssen, Seen und Bächen. Es wird zu Dunst und Dampf, zu Regen und Schnee und findet wieder in Gewässern zusammen. In ihm spiegelt sich der Kreislauf des Lebens. Und es ist ein großer Künstler, denn es lässt so wunderbare Gebilde entstehen wie die Schneeflocken.

Eltern wissen um die Einzigartigkeit ihrer Kinder. Trauernde Eltern erschrecken, wenn jemand, der trösten will, zu ihnen sagt: Du bist doch noch jung, du kannst noch andere Kinder haben. Oder: Du hast doch noch Kinder, sei dankbar und wende dich ihnen zu. Das ist kein Trost. Es kann kein Trost sein, denn das eine, einzigartige Kind, mein Kind, ist nicht mehr da. Nichts und niemand in dieser Welt kann es ersetzen. Die Menschen, die wir lieben, lieben wir so, wie sie sind – einmalig, unverwechselbar. Und erst recht ein Kind, das ein Teil von mir ist, das mit meinem Leben auf einzigartige Weise verwoben ist, liebe ich auf eine einmalige, unverwechselbare Weise. Diese Liebe stirbt nicht mit, wenn das Kind geht. Sie bleibt und sie paart sich mit der unstillbaren Sehnsucht, dieses Kind noch einmal in die Arme nehmen zu dürfen.

Doch die verstorbenen Kinder sind wie Schneeflocken. Wir können sie nicht festhalten, nicht an uns drücken. Wir können ihre Schönheit und Einzigartigkeit lieben und bewundern, aber nicht festhalten. Wir müssen sie schweben lassen, ihren Weg am Himmel ziehen lassen, bis sie an den Ort ihrer Bestimmung gelangen.

Es ist gut zu wissen: Ihre Kinder sind nicht allein. So, wie keine Schneeflocke allein in den Wolken schwebt, ruhen auch die verstorbenenen Kinder miteinander im Schoß des Himmels. Gleich welchen Alters, ob bereits im Mutterleib gestorben oder durch Unfall, Krankheit oder Gewalt. Dort, wo sie jetzt sind, gibt es keinen Schmerz mehr, keine Angst, nur Liebe und Geborgenheit.

Mit dem Schnee hat es ja eine besondere Bewandtnis. Eine dichte Schneedecke ist sehr robust. Ihr kann auch starker Wind und eine strahlende Wintersonne nichts anhaben. Während die einzelne Schneeflocke rasch vergeht, bleibt eine Flocke, die auf eine Schneedecke fällt, dort haften und geht ein in das große Ganze der Schneelandschaft.

Ihre kleinen oder auch schon erwachsenen Kinder sind zusammen und gemeinsam geborgen an dem Ort, an dem sie jetzt sind. Vielleicht haben sie eine gemeinsame Aufgabe dort. Vielleicht die, uns Zeichen zu geben, uns Mut zuzusprechen, uns zu trösten. Und weil wir spüren, dass Gemeinsamkeit stark machen kann, sind wir heute hier zusammen. Sie sind in Ihrer Trauer nicht allein. Viele teilen Ihr Schicksal, wissen, wie es Ihnen geht, fühlen, was Sie fühlen. Andere, auch wenn sie nicht trauern, bieten Ihnen ihre Hilfe an, ihre Zeit, ihre Zuwendung.

Wir alle wissen, dass nichts Ihren übergroßen Schmerz lindern kann. Aber in die Augen eines Menschen zu sehen, der versteht, was ich fühle, und die Hand eines Menschen auf meiner Schulter zu spüren, der es ernst meint mit mir, kann der Seele Kraft geben, vielleicht sogar etwas heilen. Darum sind wir heute hier. Eine gemeinsame Schneedecke gegen den Schmerz und die Verzweiflung. Ein Teppich der Liebe, ausgebreitet an diesem Ort. Möge Gott, möge Allah, mögen alle guten Mächte des Himmels und der Erde Sie schützen und stark machen, damit Sie weiterleben können.

der weg der schneeflocken

kleine weiße sterne
schweben zur erde
lautlos
ziehen sie ihre bahn
verlassen ihr weiches bett im himmel
um zu sterben
fallend
verzaubern sie unsere welt
tauchen sie in weißes sternenlicht
bringen glanz in matte augen
fallen direkt in unsere herzen
vergehend
tränken sie die erde
mit lebenspendendem wasser
lassen duftende blumen erblühen
wenn im frühling
das leben neu erwacht

Antje Wenzel-Kassmer

Nichts mehr als nichts

„Sag mir, was wiegt eine Schneeflocke?", fragte die Tannenmeise die Wildtaube. „Nicht mehr als nichts!", gab die zur Antwort. „Dann muss ich dir eine wunderschöne Geschichte erzählen", sagte die Meise.

„Ich saß auf dem Ast einer Fichte, dicht am Stamm, als es zu schneien anfing; nicht etwa heftig mit Sturmgebraus, nein, wie im Traum, lautlos und ohne Schwere. Da ich nichts Besseres zu tun hatte, zählte ich die Schneeflocken, die auf die Zweige und Nadeln meines Astes fielen und darauf hängenblieben. Genau 3 741 953 waren es. Als die 3 741 954. Flocke niederfiel – nicht mehr als nichts, wie du sagst – brach der Ast ab."

Damit flog die Meise davon. Die Taube, seit Noahs Zeiten eine Spezialistin in dieser Frage, sagte zu sich nach längerem Nachdenken: „Vielleicht fehlt nur eines einzigen Menschen Stimme zum Frieden der Welt?"

Aus: „Blätter, die uns durch das Jahr begleiten", Hrsg. Barbara und Hans Hug

Musikvorschlag: „Schneeflöckchen, Weißröcken“
(Text: Hedwig Haberkern; Komponist: unbekannt)

Segen

der segen der schneeflocken
wenn dein herz kalt ist
vor unerfüllter sehnsucht
sei gesegnet
mit der wärme
einer dichten schneedecke

wenn du dich innerlich
wie erstarrt fühlst
sei gesegnet
mit der weichheit
fallenden schnees

wenn die trauer
dir das herz schwer macht
sei gesegnet
mit der leichtigkeit
schwebender schneeflocken
Antje Wenzel-Kassmer

3.4.4 Candle Lighting zum Symbol „Baum“

Einführung in das Symbol

Der Baum des Lebens ist ein in der Religionsgeschichte verbreitetes Symbol. Der Lebensbaum gehört zur Mythologie vieler Völker. Er steht im Zentrum der Welt. Seine Wurzeln reichen tief in die Erde und seine Wipfel berühren den Himmel. Somit verbindet er die drei Ebenen Himmel, Erde und Unterwelt.

Seine Lebenskraft erhält ein Baum aus den Gaben des Himmels: Sonne und Regen. Halt bekommt er durch seine Bereitschaft, sich weit in das Dunkel der Erde zu begeben und in der Tiefe zu verankern.

Mit Bäumen verbinden wir Wachstum, Kraft und innere Stärke. Ein Baum ist standhaft und widerstandsfähig. Er passt sich den Jahreszeiten an, trotzt Stürmen, Regenfluten und Trockenheit, Kälte und Hitze. Zugleich schenkt ein Baum Leben. Mensch und Tier ernähren sich von seinen Früchten, atmen den Sauerstoff, den er produziert. Vielen Lebewesen bietet er Schutz und Wohnung.

Wie bei den Bäumen gibt es auch im Leben der Menschen Zeiten, in denen sie aufblühen, viel zu geben haben, und Zeiten, in denen sie aus ihren Kraftreserven leben müssen. Trauernde Eltern erleben sich wie ein kahler Baum im Winter. Gerade noch standen sie in voller Blüte, beseelt von Hoffnung, brachten reiche Früchte. Nun sind alle Spuren des blühenden Lebens verschwunden. Durchdrungen von Kälte, geschüttelt von Stürmen, können sie sich nicht vorstellen, noch einmal erwachendes Leben in sich zu spüren. Ihnen kann das Bild des Baumes, der im kalten Winter nur ruht, aber im Frühjahr neu erblüht, Zuversicht geben. Menschen sind stark wie ein Baum, der selbst dann weiterlebt, wenn er gefällt wird. Aus seinem scheinbar toten Stumpf treiben eines Tages neue Zweige: Das Leben beginnt neu.

Vorbereitung

Baumzweige werden in einen großen Topf gepflanzt oder in eine Vase gestellt. An die Zweige werden Papierschmetterlinge mit den Namen der Kinder gehängt.

Ansprache zum Titelbild des Weltgebetstags der Frauen 2004

Liebe Eltern, liebe Familien, ein Bild voller Lebendigkeit, im Zentrum ein Baum, der von Leben überfließt. Alle Jahreszeiten sind in ihm vereint: Er trägt bunte Blätter, wie ein Herbstbaum, und zugleich Blüten wie im Frühling. Die Blüten verwandeln sich beim näheren Hinsehen in weiße Tauben, ein altes Symbol für die Verbindung zwischen Himmel und Erde. Zu beiden Seiten des Baumes fallen Früchte herab, aber keine Früchte, wie wir sie kennen, sondern Schmetterlinge auf der einen, und Fische auf der anderen Seite.

Seine Kraft, das, was ihn nährt, erhält der Baum des Lebens aus der Erde. Ein warmes, helles Feuer lodert in ihrem Inneren und lässt den Baum hell erstrahlen. Erdenergie durchflutet ihn bis in die Spitze seiner Krone, die weit in den Himmel ragt.

Die Erde selbst wird gehalten von schützenden, bergenden Händen. Es ist die liebende Energie dieser Hände, die das Feuer in ihrem Inneren entfacht.

Und weil alles Leben nicht nur Wärme braucht, sondern auch Wasser, werden die Wurzeln des Baumes außerdem von einer sprühenden Wasserflut getränkt. Diese Flut hat ihre Quelle in den Wolken, die weit herabhängen und sich auf die Erde ergießen. Eine weitere Quelle scheint aus dem Baum selbst zu fließen. Die Kraft, die der Baum aus der Erde erhält, verwandelt sich im Kreislauf des Lebens zu nährendem Wasser, das ihn speist.

Auch die bunten Schmetterlinge auf der anderen Seite entstehen als Früchte des Lebens aus der Kraft des Baumes, gehen am Ende aber ein in die glühende, liebende Erdenergie. Alles Leben unterliegt einem solchen Kreislauf aus Geben und Nehmen, aus Werden und Vergehen und es wird gehalten und geschützt durch liebende Kräfte.

Sie, liebe Eltern, haben das Gegenteil von dem erlebt, was dieses Bild ausdrückt – nicht sprühende Lebendigkeit, sondern Verlust und Vergänglichkeit. Ihr Kind ist gestorben. Vielleicht noch, bevor es das Leben kennenlernen konnte, und vielleicht sogar noch, bevor es geboren wurde. Ihre Hände, die es schützend umfassen wollten, bleiben leer.

Und doch: Es ist auch und gerade ein Bild für Sie, für Menschen, die sich abgeschnitten fühlen vom Leben. Entstanden ist das Bild anlässlich des Weltgebetstages der Frauen in Panama. Gestaltet von Frauen, von denen viele kaum Perspektiven für sich sehen.

Die Frauen von Panama haben uns einen anderen Blick auf das Leben geschenkt: den Blick auf das, was uns in aller Not und Verzweiflung nährt und trägt.

Ihre kleinen und großen Kinder, die gestorben sind, sind wie Schmetterlinge. Sie sind entstanden aus der Urkraft des Lebens, der Liebe. In der Zeit, in der sie hier auf der Erde waren, waren sie die schönsten Geschöpfe, die es gibt – für Sie, die Sie Ihre Kinder mit den Augen der Liebe wahrgenommen haben. Auch die Kinder, die Sie als Mutter und Vater nur als winziges Wesen im Mutterleib erleben durften, sind in Ihren Augen unendlich schön und wertvoll. Umgeben von Ihrer Liebe, haben Ihre Kinder ihr Leben lang in einem rosaroten Himmel gelebt und konnten ihre kleinen und großen Seelen entfalten wie ein Schmetterling.

Schmetterlinge fliegen immer zum Licht. Hier auf unserem Bild tun sie das auch: Sie fliegen hinab zum wärmenden Feuer der Erde und gehen dort ganz auf, in der Urkraft des Lebens. Hier verlieren sie ihre ursprüngliche Gestalt und werden selbst zu schöpferischer Energie.

Während dieser Verwandlung sind die schützenden Hände immer um Ihre Kinder. Auf ihrem Weg, den Sie als Eltern nicht mehr mitgehen können, sind andere mütterlich-väterliche Kräfte da. Gott oder die Urkraft des Lebens umfasst liebend alles Leben in jedem Stadium und zu jeder Zeit. Und wenn Sie als Eltern eines Tages Ihren Weg ins Licht antreten, werden auch Sie geborgen und gehalten sein.

Vielleicht ist das für Sie nur wenig Trost. Die Vorstellung, dass Ihr Kind aufgeht in einer anonymen Lebensenergie, ist für Sie vielleicht wenig hoffnungsvoll. Sie möchten, dass die Persönlichkeit Ihres Kindes erhalten bleibt, und dass Sie einander eines Tages wiederfinden.

Wenn wir das Bild noch einmal genauer betrachten, gibt es in dem Flug der Schmetterlinge zum Licht eine Umkehrbewegung. Die Schmetterlinge kommen irgendwann wieder aus dem Feuer der Erde und fliegen zurück in den Baum, um von dort den Kreislauf des Lebens neu zu beginnen. Sie sind dieselben wie vorher.

In der Bibel gibt es dafür ein anderes eindrückliches Bild. Der Apostel Paulus vergleicht unser Sterben mit der Verwandlung, die ein Samenkorn durchläuft, wenn wir es in die Erde legen. Dort stirbt seine äußere Hülle und es wächst etwas Neues heran. Die Pflanze, die aus einem Samenkorn entsteht, sieht äußerlich ganz anders aus, ist aber noch dasselbe wie vorher: Weizen, Hafer oder eine schöne Wildblume.

Liebe Eltern, Sie können das nicht haben, was Sie sich am meisten wünschen: Ihre Kinder wieder in die Arme schließen, sie mit den eigenen Händen streicheln und schützen. Doch Sie dürfen sie geborgen wissen in einem Leben, das alle unsere Vorstellungen weit übersteigt, in einem Licht, das niemals verlischt, und das auch uns erwärmen kann, wenn wir uns ihm zuwenden.

Neuer Frühling

Unterm weißen Baume sitzend
Hörst du fern die Winde schrillen,
Siehst, wie oben stumme Wolken
Sich in Nebeldecken hüllen;
Siehst, wie unten ausgestorben
Wald und Flur, wie kahl geschoren;-
Um dich Winter, in dir Winter,
Und dein Herz ist eingefroren.
Plötzlich fallen auf dich nieder
Weiße Flocken, und verdrossen
Meinst du schon, mit Schneegestöber
Hab der Baum dich übergossen.
Doch es ist kein Schneegestöber,
Merkst es bald mit freudgem Schrecken;
Duftge Frühlingsblüten sind es,
Die dich necken und bedecken.
Welch ein schauersüßer Zauber!
Winter wandelt sich in Maie,
Schnee verwandelt sich in Blüten,
Und dein Herz es liebt auf neue.

Heinrich Heine

Segen

wie ein baum

ich wünsche dir
dass du fest stehst wie ein baum
tief verwurzelt
im vertrauen
auf die mutter erde
die dich nährt
dass du trinkst aus ihrem schoß
wenn deine seele durstig ist

ich wünsche dir
dass du deine zweige
emporstreckst in die weite des himmels
bereit
das licht zu empfangen
das dir neue lebenskraft gibt

ich wünsche dir
dass du den munteren vögeln
raum gibst
deine seele zu erfreuen
mit liedern der lüfte

ich wünsche dir
dass du den segen spürst
der dich umgibt
wie erde und wasser und luft
und himmlischer gesang

Antje Wenzel-Kassmer

3.4.5 Candle Lighting zum Symbol „Feder“

Einführung in das Symbol

Die Feder ist ein Bote aus der himmlischen Welt. Es gilt als ein Zeichen des Himmels, wenn jemandem eine weiße Feder zufliegt. Viele Trauernde sehen darin eine Botschaft ihrer lieben Verstorbenen aus der jenseitigen Welt. Wenn eine Feder scheinbar aus dem Nichts geflogen kommt, an der Fensterscheibe hängen bleibt oder sich auf der Kleidung niederlässt, fühlen sich Menschen vom Jenseits berührt. Sie bewahren die Feder auf oder lassen sie an einem besonderen Ort wieder in den Himmel aufsteigen. So können Federn beide Welten verbinden.

Vorbereitung

Die Teilnehmenden der Gedenkfeier bekommen am Eingang eine weiße Feder und eine Karte mit dem Bild einer in den Himmel fliegenden Feder *(Eschbacher Textkarte 6065 „Himmelsbote“).*

Ansprache

Liebe Eltern und Familien, Sie haben eine Feder bekommen. Wenn Sie sie in die Hand nehmen, spüren Sie kaum ihr Gewicht. Sie ist „federleicht“. Wenn ein Luftzug kommt, kann sie im nächsten Augenblick weggeweht werden. Wir müssen die Hand um sie schließen, damit das nicht passiert.

Zart, weich, verletzlich – und doch etwas Besonderes. Keine Feder ist genau wie die andere. Sie unterscheiden sich: Die feinen Härchen sind bei jeder anders angeordnet, sie sind unterschiedlich lang und dick, manche haben einen kräftigeren Kiel in der Mitte; bei anderen ist auch er zart.

So waren auch Ihre Kinder. Manche ganz klein, noch ungeboren, als sie starben – ein Hauch von Leben nur. Andere waren schon unterschiedlich lange im Leben angekommen – wenige Tage, Wochen oder Jahre. Oder sie waren bereits erwachsen und Sie hatten eine lange gemeinsame Lebensgeschichte. Dass Ihre Kinder gestorben sind, macht uns bewusst, wie flüchtig das Leben ist und wie verletzlich. Wir können unser Leben planen, können versuchen, es abzusichern. Wir können noch so fest mit beiden Beinen im Leben stehen – und müssen doch erfahren, dass von einem Tag auf den anderen alle unsere Träume verwehen können, so leicht wie eine Feder, die der Wind erfasst und davonweht.

Doch die Feder in unserer Hand ist nicht nur eine einzelne Feder, sie ist Teil eines großen Ganzen. Einmal hat sie einem Vogel gehört, der sich mit ihrer Hilfe über diese Welt erhoben hat. Sie war Teil seiner Kraft, die es ihm ermöglichte zu fliegen. Wenn wir alle unsere Federn hier zusammennehmen, könnte damit noch kein Vogel fliegen. Selbst ein kleiner Sperling benötigt hunderte Federn, um flugfähig zu sein. Und doch – zusammen haben sie eine Kraft, die niemand vermuten würde, wenn er nur eine einzelne Feder für sich betrachtet.

Federn haben Menschen seit jeher fasziniert. Besonders weiße Federn sind beliebt. Weiße Tauben stehen für Liebe, Frieden, Hoffnung. Federn sind Symbole für etwas, das über uns steht, das einen höheren Sinn hat als das, was wir unmittelbar vor Augen haben. Dafür, dass es Hoffnung gibt, da, wo etwas unwiederbringlich zu

Ende ist, dass es einen höheren Sinn gibt über das hinaus, was wir jetzt und hier begreifen können. Dafür, dass die Scherben, vor denen wir stehen, Teil eines großen Ganzen sind, das wieder zusammengesetzt werden kann. Nicht von uns, aber vielleicht von Gott oder Allah oder wie wir die höhere Macht nennen möchten, die unser Leben in den Händen hält.

Manche von Ihnen, liebe Eltern, haben schon eine längere Zeit der Trauer hinter sich. Und manche von Ihnen erleben bereits, wie sich Neues formt aus dem, was zerbrochen ist. Dass etwas heilt in der tief verletzten Seele. Dass es eine Kraft in Ihnen und über Ihnen gibt, die es möglich macht, dem Leben wieder behutsam zu vertrauen.

Federn, wenn wir sie unter freiem Himmel loslassen, wehen nach oben und steigen auf in die Lüfte. Je kleiner und flauschiger sie sind, desto besser fliegen sie. Ganz leicht geht das, weil sie sich einfach nur tragen lassen. So erreichen sie, wonach wir uns mit unserer Erdenschwere so sehnen: Sie sind frei. Alles, was sie auf der Erde zurücklassen, würde sie nur belasten und in ihrer Freiheit behindern.

Das haben unsere Kinder uns voraus: Sie haben alles zurückgelassen und sind frei. Und die ganz Kleinen unter ihnen hatten es besonders leicht, weil sie noch nicht viel Erdenschwere hatten. In unseren Herzen haben sie alle ein schweres Gewicht, weil sie uns so viel bedeuten. Und vielleicht tut es auch darum so weh, weil die Kinder uns trotzdem entschwebt sind und wir sie nicht festhalten konnten.

Behüten Sie die Feder in Ihrer Hand gut, als ein Zeichen für die Hoffnung, dass es Ihren Kindern gut geht, dass sie frei und unbelastet von unseren irdischen Sorgen im Licht des Himmels schweben. Und dass auch Ihr schweres Herz eines Tages leichter werden wird. Nicht, weil die Liebe an Gewicht verliert, sondern weil neu gefundenes Vertrauen Ihr Herz leichter macht.

Musikvorschlag:
„Federn lassen, trotzdem schweben, so will ich leben"
(Text: nach Hilde Domin; Melodie: Klaus Nagel)

Leicht wie eine Feder

Leicht wie eine Feder warst du, mein Kind,
ein Hauch von Leben nur, verweht vom Wind.
Du hast unser Leben gestreift, sanft und leise –
wie mit dem Flügelschlag eines Engels.
Leicht war dein Weg in den Himmel, ins Licht,
in den ewigen Frieden.
Schwer ist mein Herz, denn es will dich nicht ziehen lassen.

Mutter eines Sternenkindes (Quelle unbekannt)

Segen

segen der feder

seid gesegnet
wenn der wind
euer leben durcheinanderwirbelt
und ihr keinen boden mehr
unter den füßen spürt
lasst euch tragen
durch höhen und tiefen
in eine unbekannte weite
lasst euch berühren
von den flügeln der ewigkeit
streift ab was euch beschwert
werdet leicht wie eine feder
und vertraut dem himmel

Antje Wenzel-Kassmer

3.4.6 Candle Lighting zum Symbol „Perle"

Einführung in das Symbol

Perlen haben in den Mythen fast aller Kulturen eine besondere Bedeutung. Sie sind Symbole der Liebe, der Reinheit und Vollkommenheit. Sie wurden vor allem bei Hochzeitsritualen verwendet. Große Kräfte werden ihnen nachgesagt. Sie heilen, verleihen Fruchtbarkeit und wehren Böses ab.

Perlen entstehen, wenn ein Fremdkörper in eine Perlmuschel eindringt. Die Muschel umhüllt diesen Eindringling nach und nach mit einer Schicht aus Perlmutt. Perlen sind selten vollkommen rund und makellos weiß. Die Muschel möchte nichts Vollkommenes schaffen, sondern ihre Verletzung heilen. So, wie der Verlust eines lieben Menschen nicht rückgängig gemacht werden kann, kann auch die Muschel ihren Fremdkörper nicht entfernen. Sie lernt, ihn als Teil ihres Lebens zu akzeptieren. So ist die Perle zu einem Symbol der Tränen und der Trauer geworden. Wie die Muschel, die mit ihrem Schmerz leben muss, können auch wir unsere Trauer annehmen und Schritt für Schritt unseren ganz persönlichen Weg durch die Trauer gehen.

Vorbereitung

Die Teilnehmenden erhalten die Karte „Das Wunder der Perle", mit dem Bild einer Muschel, und einer beigelegten Kunstperle. (Bezug: Stiftung Marburger Medien, Am Schwanhof 17, 35037 Marburg, 06421/18090)

Ansprache

Liebe Eltern und Familien, Perlen sind wunderschön. Sie haben einen ganz besonderen Glanz, geheimnisvoll und überirdisch. Wir lieben sie, bewundern und begehren sie. Doch machen wir uns auch Gedanken darüber, wie sie entstanden sind?

Perlen entstehen aus Schmerz. Sie werden geboren aus einer Verletzung. Wenn ein Fremdkörper in eine Muschel eindringt und in ihr weiches, verletzliches Inneres gelangt, ist das für sie bedrohlich. Das passiert besonders den Muscheln, die sich weit öffnen, die neugierig sind auf das Leben, die Algen und Sand, und was sonst noch im Wasser schwimmt, freudig in sich aufnehmen. Wer lebt, ist auch verletzlich. Wer sich öffnet, geht auch Risiken ein.

Wenn wir lieben – und besonders dann, wenn ein Kind aus dieser Liebe hervorgeht –, werden wir verletzlich. Liebe gibt es nie ohne Schmerz. Die Sehnsucht nach Nähe bis hin zu dem Wunsch, mit dem geliebten Menschen zu verschmelzen, und das Mitleiden, wenn ihm etwas passiert – das gehört dazu. Und wenn er uns ganz genommen wird, ist es der größte denkbare Schmerz. Dann sind wir mitten ins Herz getroffen, sind traumatisiert und das bedroht unser Leben in allen Bereichen.

Manche Menschen gehen an diesem Schmerz zugrunde. Aber die meisten machen es wie eine Perlmuschel: Sie lernen irgendwann, mit ihrer Verletzung zu leben. Sie ist nicht rückgängig zu machen. Die Muschel kann den Fremdkörper in ihrem Herzen nicht entfernen. Doch sie kann ihn zu einem Teil ihrer selbst machen. Langsam, immer mehr, überzieht sie ihn mit dem Stoff, aus dem ihre Schale gemacht ist: schimmerndem Perlmutt. Schicht für Schicht wächst der Eindringling. Er wird nicht kleiner und verschwindet auch nicht. Aber die Verletzung heilt. Die Muschel wird davon nicht mehr bedroht. An der Stelle der Wunde entsteht etwas Kostbareres, mitten in ihr, aus dem Schmerz geboren.

So wie den Muscheln kann es auch uns Menschen gelingen, Trauer und Schmerz zu verwandeln in einen Teil des Lebens. Menschen, die ihre Trauer in ihr Leben integriert haben, leben anders. Ihr Leben bekommt Tiefe, einen besonderen Glanz. Sie heben sich ab von denen, die einfach so in den Alltag hineinleben, gedankenlos funktionieren und konsumieren. Jeder Tag, jeder Augenblick wird zu etwas Besonderem. Diese Menschen erkennen, dass das Leben etwas ganz Kostbares ist. Und ja, dass auch der Schmerz, die Trauer etwas ganz Kostbares sind. Weil sie mich tiefer fühlen lassen. Meine Beziehungen sind nicht mehr oberflächlich. Ich umgebe mich nur noch mit den Menschen, die das Leben so sehen wie ich. Die so tief empfinden können wie ich.

Trauernde erleben Beziehungen anders. Und auch ihre Beziehung zur Natur. Sie sehen ihre Schönheit und bewahren sie. Sie ziehen

Kraft aus den Gaben der Natur. Vielleicht sind Trauernde nicht mehr so offen wie früher. Noch eine Verletzung könnten sie nicht mehr überstehen. So werden sie vorsichtiger, bedächtiger. Die Kontakte, die sie eingehen, sind wohl überlegt und gewählt. Und alle, die ihnen begegnen, nehmen diesen besonderen Schimmer wahr, den sie ausstrahlen, geboren aus ihrem tiefen Schmerz.

Warum ich? So fragen Menschen, die ein schweres Schicksal erleben. Die Muschel fragt nicht. Sie stellt sich ihrem Schicksal und akzeptiert es. Sie wandelt es um in Segen.

Viele Eltern beklagen am Anfang ihres Trauerweges, dass ihr Leben so sinnlos geworden ist nach dem Tod ihres Kindes. Ja, das Bisherige hat seinen Sinn verloren. Aber anderes bekommt erst jetzt seinen Sinn. Das werden Sie entdecken auf Ihrem langen Weg durch die Trauer, dem Weg zur Heilung.

Ich möchten allen, die unsicher sind, wie sie Trauernden begegnen sollen, Mut machen: Gehen Sie auf sie zu. Sie sind vielleicht noch scheu und brauchen Behutsamkeit. Doch sie können uns das Leben lehren. Der Glanz ihrer Perlen tief in ihrem Inneren wird auch denen leuchten, die sich in Liebe auf sie einlassen.

perlenzeit

alles hat seine zeit
sich dem leben öffnen
dem ruf der möwen
und der stimme des windes
sich aussetzen
sand und hitze
das salzige meer in sich pulsieren spüren

alles hat seine zeit
verletzt werden
und sich wieder verschließen
im herzen verwundet
verzweifelt an dem stachel des warum

alles hat seine zeit
tränen aus den lebenswunden fließen lassen

und sie verwandeln
in perlen der seele
annehmen
was in mir ist
es umhüllen mit liebe
herzkraft geben
wo es am tiefsten schmerzt

eines tages
wird auch deine trauer
schimmern in den hellen farben
des lebens
Antje Wenzel-Kassmer

Segen

segen der perle

sei gesegnet
wenn deine seele tief verletzt ist
dass durch deine trauer
die verborgenen schätze in deinem inneren
ans licht kommen

sei gesegnet
dass der weg der heilung
dein leben reicher macht
und du neue kostbarkeiten entdeckst
in dir
und im zusammensein mit anderen

möge dein leben einen
besonderen glanz bekommen
durch die liebe
die du neu entdeckst
Antje Wenzel-Kassmer

3.4.7 Candle Lighting zum Symbol „Pusteblume“

Einführung in das Symbol

Die Pusteblume ist die Blüte des Löwenzahns. Wie jede Blume verwelkt auch sie am Ende ihrer Blütezeit. Doch während sie vergeht, entsteht der Anfang eines neuen Lebens in ihr. Die Samenschirmchen der verwelkten Blüte sind ein Sinnbild für Leben, das weitergeht. Sie lassen sich vom Wind in alle Himmelsrichtungen tragen, wo sie zur Erde fallen und im nächsten Sommer zu neuem Leben erwachen. Für Trauernde ist die Pusteblume ein Sinnbild der Hoffnung, dass das Leben nach dem Tod weitergeht, in einer neuen Form.

Es gibt den Brauch, in eine Pusteblume zu pusten und sich etwas zu wünschen, während die kleinen Fallschirmchen in den Himmel fliegen. Sie sollen die Wünsche und Gedanken zu einem weit entfernten geliebten Menschen tragen – und auch zu den lieben Verstorbenen in einer anderen Welt.

Vorbereitung

Die Familien bekommen am Eingang eine Bildkarte mit einer Pusteblume ausgehändigt.

Ansprache

Liebe Eltern und Familien, als ich noch ein Kind war, hatte ich viel Spaß und Freude daran, Pusteblumen zu pflücken, kräftig zu pusten und zu schauen, wie sich die kleinen Samenschirmchen tanzend im Wind bewegten. Ich beobachtete fasziniert den Flug und war beeindruckt von der Leichtigkeit des Fliegens.

Doch ich hatte mir nie Gedanken darüber gemacht, was diese wunderbare Pusteblume wohl hervorgebracht hat. Der Löwenzahn, aus dem sie entstanden ist, hat ja scheinbar nichts gemeinsam mit dem farblosen Gebilde, das schließlich von ihm zurückbleibt. Schon von Weitem leuchten die Sommerwiesen, auf denen der Löwenzahn zu Hause ist. Er überzieht das Grün der Wiesen großzügig mit der Farbe der Sonne. Die Wiesen scheinen förmlich zu glühen, als sei die Sonne auf die Erde gekommen. Er lädt Bienen und andere Insekten ein, seinen Nektar zu trinken, und wird zu einem Festmahl auch für größere Tiere. Sogar heilende Kräfte haben Kräuterkundige in ihm entdeckt. Lange Trockenheit oder strömender Regen kann ihm nichts anhaben, denn seine Wurzeln sind stark und tief.

Eines Tages aber muss der Löwenzahn Abschied nehmen von seinem Glanz und seiner Kraft. Denn alles, was blüht, wird verwelken. Die Blüten des Löwenzahns verlieren ihre Strahlkraft. Bald ist er nicht wiederzuerkennen. Blass, durchsichtig, zerbrechlich – so wirkt seine äußere Erscheinung. Der Wind hat nun ein leichtes Spiel mit der kraftlos gewordenen Blume, die einst so zäh war.

Doch wenn wir genauer hinsehen, entdecken wir, dass sie sich nur verwandelt hat. Das zarte Gebilde besteht aus unzähligen kleinen Samenkörnern. Und nicht nur das. Die Samenkörner sind so beschaffen, dass sie sich in die Lüfte erheben und weit, weit wegfliegen können. Mit dieser Verwandlung eröffnen sich dem Löwenzahn neue unbekannte Räume. Er erobert ein weiteres Stück der Welt – eine neue Wiese, eine Weide, einen Garten oder eine dunkle Ecke, in der es niemals zuvor Blumen gab. Der stolze Löwenzahn ist bereit, sich tragen zu lassen, sich anzuvertrauen, sich überraschen zu lassen. Im nächsten Sommer wird die eine Blume vielfach wiederauferstehen, und wiederum neues Leben schenken.

Auf den Karten, auf die Sie die Namen Ihrer Kinder geschrieben haben, sehen wir eine Pusteblume, deren Schirmchen sich von der Blume zu lösen beginnen. Nur so können sie ein neues Leben beginnen, wenn sie sich aus der Geborgenheit der Blume lösen, ihren sicheren Schoß verlassen. Sie haben bereits ihre goldene Farbe verloren, die Fülle ihrer Blütenblätter eingetauscht gegen durchsichtige Flügel. Die Schwere des satten, sicheren Lebens lassen sie hinter sich, ganz selbstverständlich, lassen sich verwandeln in eine schwebende Leichtigkeit.

Wir dürfen hoffen, dass auch Ihre Kinder nun frei und unbeschwert mit dem Wind spielen, sich treiben lassen in eine neue Welt. Sie erheben sich über alles, was uns das Leben schwer macht. Sie erleben und sehen, was die tief in der Erde verwurzelte Mutterblume noch nicht entdecken konnte. Bei ihrer Reise werden sie sich entfalten zu neuem Leben.

der tanz des löwenzahns

tief im boden
fest verankert
nichts kann ihn erschüttern
den löwen unter den blumen

doch auch er muss verblühen
wenn seine zeit gekommen ist

dann
tanzt er sich frei
verwandelt sattes blütengelb
in ein silberschwebendes geheimnis

quirlige schirmchen erheben sich vom wiesengrund
vertrauen sich den armen des windes an
schweben in die verheißungsvolle weite
eines strahlenden sommertags
spielen fangen mit den schmetterlingen
tanzen zur munteren melodie der rotkehlchen
ziehen vorbei an staunenden rosen

und neidischen lilien
lassen sich berauschen
vom betörenden duft des flieders

fliegen dem tod davon
in eine neue welt
Antje Wenzel-Kassmer

Segen

Mit der Kraft des Löwenzahns

Seid gesegnet mit der Kraft des Löwenzahns,
dessen Wurzeln sich tief mit der Erde verbinden.
Seid gesegnet mit der Leichtigkeit der Pusteblume,
die sich auf weißen Flügeln in den Himmel tragen lässt.
Seid gesegnet mit dem Vertrauen der Blumen,
die in ihrem Verblühen den Aufbruch in neues Leben spüren.
Seid gesegnet mit der Hoffnung, dass Werden und Vergehen, Anfang und Ende des Lebens in den Händen dessen liegen, der alles Leben liebt.
Antje Wenzel-Kassmer

3.4.8 Candle Lighting zum Symbol „Seifenblasen“

Einführung in das Symbol

Das Symbol der Seifenblasen steht für die Vergänglichkeit und Zerbrechlichkeit des Lebens. Was uns bunt, schön und leicht erscheint, kann im nächsten Moment zerfallen und sich auflösen. Von einer bunt schillernden Seifenblase bleibt am Ende nur ein kleiner Tropfen zurück. So empfinden Eltern ihr Leben nach dem Tod ihres Kindes. Es ist farblos geworden. Es hat seine Unbeschwertheit verloren. Ob sie es jemals wieder wagen zu träumen und zu hoffen?

Vorbereitung:

Vor der Ansprache werden Seifenblasen von der Empore der Kirche gepustet.

Ansprache

Liebe Eltern und Familien, Seifenblasen sind perfekt. Sie sind wie kleine Weltkugeln, in denen sich die Umgebung spiegelt, bunter und glänzender als in der Wirklichkeit. Sie schweben im Raum wie unsere Erde im All. Jede von ihnen ist einzigartig – ein Lichtblick in einem sonst leeren, farblosen Raum. Seifenblasen erzählen von der Schönheit des Lebens. Sie machen das Leben bunter, weicher, zarter. Sie bringen uns zum Träumen von einer Welt, in der es nur Vollkommenheit und Glanz gibt, wo nichts Glück und Freude trüben kann. Seifenblasen verzaubern uns. Sie zaubern Lachen in die Gesichter, machen leuchtende Augen, lassen uns den Blick heben, in die Weite.

So haben Ihre Kinder Ihr Leben bunt gemacht, haben Lachen in Ihre Gesichter gezaubert, haben Sie bereichert und beschenkt. Sie haben Seiten in Ihnen als Eltern geweckt, die schlummerten, haben eine Liebe in Ihnen hervorgebracht, die einzigartig ist, bedingungslos und unerschöpflich. Ihre kindliche Leichtigkeit hat Ihr Leben beschwingt. Ihre Kinder, auch wenn sie noch klein waren und vielleicht noch nicht das Licht der Welt erblickt hatten, haben Sie zum Träumen gebracht von einer Zukunft, in der Sie miteinander die Welt neu entdeckten, in der Sie ein schönes buntes Leben führten und miteinander glücklich waren. Mit rosaroten, weichen Farben hat die Hoffnung Ihren Blick auf die Zukunft überzogen.

Seifenblasen sind flüchtig, zerbrechlich. Sobald sie an eine Grenze im Raum stoßen, zerplatzen sie. Und auch wenn sie ungehindert weiterschweben dürfen, lösen sie sich irgendwann auf. Zurück bleibt nur ein Tropfen.

Man kann Seifenblasen auch einfrieren. Dann entgleiten sie uns nicht mehr. Doch festgefroren und gefangen auf der Erde verlieren sie ihren Zauber.

So ist es auch mit dem Leben. Wir können es nicht festhalten. Es ist flüchtig und auch wenn es von langer Dauer ist, löst es sich eines Tages von dieser Erde und lässt nichts mehr zurück, was mit Händen greifbar ist. Sie, liebe Eltern, haben erlebt, wie zerbrechlich das Leben ist. Dass von einem Augenblick auf den anderen nichts mehr ist, wie es war. Die Hoffnung erlischt, die Träume verwehen wie

Seifenblasen – so, als sei nie etwas dagewesen von der bunten Lebendigkeit. Wir sehen hier in der Kirche auch nichts mehr von der bunten Wolke, die wir gerade noch bestaunt haben. Unsere Seifenblasen sind gegangen, so lautlos, wie sie entstanden sind.

Und doch – wir bleiben nicht leer zurück. Wir haben die Bilder, die uns erfreuten, noch immer vor Augen. Wir wissen, dass sie da waren, die schönen, glänzenden Gebilde. So bleibt auch etwas von dem Zauber, den die Kinder in Ihr Leben gebracht haben. Etwas von dem Leuchten in den Gesichtern der Eltern, Geschwister und Großeltern. Wenn Sie von Ihrem Kind erzählen, sich erinnern, dann leuchten Ihre Augen, und wenn Sie in sich hineinspüren, dann werden Sie immer noch diese Wärme verspüren, die die Kinder in Ihre Herzen gebracht haben. Es ist die Liebe, die niemals erlischt. Solange die Liebe bleibt, werden Ihre Kinder leuchten, werden die Farben, die sie in das Leben ihrer Familien gebracht haben, nicht verblassen.

Lassen wir unsere Gedanken fliegen – weg vom Alltag und dem, was uns gefangen nimmt. Viele Eltern sagen: Was früher so wichtig war, ist nun gleichgültig geworden. Sie haben einen anderen Blick auf das Leben. Sie sehen höher, weiter, schauen auf das, was wirklich zählt im Leben. Das Leben wird wieder bunter und leichter, wenn es uns gelingt, Augenblicke zu sammeln. Augenblicke, die kostbar sind. Sie sind so kostbar, weil sie nicht von Dauer sind. Weil wir sie nicht einfrieren und festhalten können. Es gibt sie auch jetzt in Ihrem Leben. Ein Lächeln, eine Umarmung, ein Sonnenaufgang, der Gesang eines Vogels, Musik. Worte, aus dem Herzen gesprochen. Vergeht ein Augenblick, kommt ein neuer mit seiner eigenen Schönheit. Nichts davon kann Ihren Schmerz wegnehmen. Doch vielleicht kann ein wenig Hoffnung in Ihnen wachsen. Dass das Leben lebenswert ist, auch wenn es zerbrechlich ist. Und dass unsere Träume nicht umsonst geträumt sind, weil jeder gute Traum die Welt ein bisschen besser macht.

der zauber der seifenblasen

entstanden
um den augenblick zu verzaubern
seelen zu entführen
in die leichtigkeit des seins

sehnsucht zu stillen
einen windhauch lang
in den himmel zu reisen
im geiste mit ihnen zu schweben
das licht einzufangen und zu verwandeln
in schwebende farben
und schillernde träume

es gibt augenblicke
die die ewigkeit berühren
im vergehen
bleibendes schaffen
sterbend
ein lächeln zurücklassen
das tief in suchende herzen fällt

Antje Wenzel-Kassmer

Segen

Mögen deine Träume wieder in den Himmel fliegen
wie bunte Seifenblasen,
und die Hoffnung auf eine gute Zukunft möge deine Schritte beflügeln.

Mögest du die Farben des Lebens wieder wahrnehmen,
wo du nur noch schwarz siehst.

Möge ein neuer Morgen deine Sorgen in alle Winde zerstreuen
und am Abend ein Mensch an deiner Seite sein,
in dessen Gegenwart du Ruhe findest.

Antje Wenzel-Kassmer

3.4.9 Candle Lighting zum Symbol „Schale“

Einführung in das Symbol

Die Schale ist ein uraltes Symbol. Schalen nehmen etwas auf und geben ihren Inhalt ab. Man kann sie füllen und leeren. Was in einer Schale ruht, ist geschützt. Der Kern in einer Nussschale ist dicht umhüllt. Nur mit Gewalt kann diese Schale aufgebrochen werden.

Eltern, die ein Kind verlieren, erleben, wie die schützende Schale zerbricht, mit der sie ihr Kind behütet und umsorgt haben. Das Kind ist Tod und Gefahr schutzlos ausgesetzt. Sie selbst erleben sich als gebrochen und ausgeliefert. Es fällt ihnen schwer, sich der Welt wieder empfangsbereit zuzuwenden, und die Gaben, die das Leben auch nach dem Verlust für sie bereithält, anzunehmen.

Vorbereitung

In eine wassergefüllte Schale werden mit Wachs ausgegossene und mit einem Docht versehene Nussschalenhälften gesetzt. Ergänzend wird aus blauem Organza ein langer Fluss ausgelegt, in dem weitere Nussschalen „schwimmen“. Diese Nussschalen haben Papiersegel, auf die die Namen der verstorbenen Kinder geschrieben sind.

Ansprache

Liebe Eltern und Familien, wir haben Schiffchen aus Nussschalen ins Wasser gesetzt. In jedem von ihnen brennt ein kleines Licht.

Trauer ist uferlos. Sie reißt uns mit, schwemmt uns davon. Sie reißt uns den Boden unter den Füßen weg. Was zuvor Halt gegeben hat, wird aufgesogen vom Strudel der Verzweiflung. Unsere Schalen schwimmen mitten in diesem Strom. Kleine Inseln der Geborgenheit in der großen Flut. Ihre Lichter weisen uns den Weg, bringen Hoffnung in die dunklen Wasser.

Winzig wirken unsere Schalen im großen Strom. Doch sie sind nicht allein. Viele schwimmen mit, bilden zusammen eine ansehnliche Flotte gegen die Bedrohungen von außen. Ihre Lichter fließen zusammen zu einem großen Hoffnungslicht. Das Licht lässt hoffen, dass ich eines Tages sicher ans Ufer gelange, wieder Boden unter die Füße bekomme, Abstand gewinne von dem, was mich in die Tiefe reißen will.

Ich stelle mir vor, dass die Seelen Ihrer Kinder in Schalen wie diesen ruhen. Geborgen, unberührt vom Leidensstrom dieser Welt. Sie ruhen warm, hell und in Frieden. Sie, liebe Eltern, haben erlebt, wie Ihre Kinder Ihnen entrissen wurden. Ihr Leben lang haben Sie Ihre Hand über sie gehalten, sie in Ihrem Schoß geborgen. Wer birgt sie nun und gibt ihnen Schutz?

Segel aus Liebe umgeben sie nun. Die Liebe, die Sie Ihren Kindern gegeben haben, geht nicht verloren. Ebenso wie die Liebe Gottes oder Allahs oder der Urkraft des Lebens, die immer um sie ist. Umhüllt von Liebe treiben sie auf die Ewigkeit zu. Es ist derselbe Weg, den wir alle eines Tages gehen werden. Von derselben Hand gehalten und in ewiger Liebe geborgen. Die Kinder sind uns vorausgegangen. Ihr Licht wird uns leiten, wenn wir uns auf die Reise machen, und wir werden uns wiederfinden.

Meditation zum Symbol „Schale“

Legen Sie Ihre Hände ineinander. Formen Sie eine Schale mit Ihren Händen, die nach oben hin geöffnet ist. Dieser Schale dürfen Sie alles anvertrauen, was Sie jetzt bewegt. Ihre Ängste, Verletzungen, Hoffnungen. Traurigkeit und Schmerz. Ihre Sehnsucht und Ihre

Liebe. Die Schale wird alles aufnehmen. Füllen Sie die Schale Ihrer Hände. Spüren Sie, wie sie schwerer wird unter dem, was Sie hineinlegen, wie sie sich erwärmt unter der Liebe, die in sie hineinfließt. Wenn Ihre Schale gefüllt ist, erheben Sie Ihre Hände. Vertrauen Sie das, was darin ist, Gott an, Allah oder der Urkraft des Lebens. Bei ihm oder ihr ist alles gut aufgehoben. Übergeben Sie ihm oder ihr den Inhalt Ihrer Schale mit einer Geste.

Segen

In meine Hände

Leg deine Angst in meine Hände.
Ich gebe dir Schutz, bis dein pochendes Herz zur Ruhe kommt.
Leg deine Liebe in meine Hände.
Ich werde sie bewahren, dass sie nicht untergeht in deiner Verzweiflung.
Lege deine ungestillte Sehnsucht in meine Hände.
Ich werde sie vom tiefsten Schmerz befreien.
Lege deine Hoffnung in meine Hände.
Ich werde sie nähren und wachsen lassen wie einen Baum,
der auch dem stärksten Sturm standhält.
Nimm die Schale meiner Hände und schöpfe neues Leben.

Antje Wenzel-Kassmer

3.4.10 Candle Lighting zum Symbol „Hände“

Einführung in das Symbol

Unsere Hände haben viele Funktionen. Sie sind ein Identitätsmerkmal. Die Fingerabdrücke und Handlinien sind einmalig und unverwechselbar.

Wir gebrauchen unsere Hände für viele Fertigkeiten – zum Festhalten, Gestalten und Fertigen von Gegenständen, für die Kunst, Musik, das Anbauen und Ernten unserer Nahrung. Mit den Händen können wir Gutes tun – Liebe und Zuneigung ausdrücken, geben und schützen. Wir können aber auch Schaden anrichten. Wir können mit ihnen Gefahren abwehren. Mit Gesten können wir Gefühle und Stimmungen ausdrücken, Anerkennung oder Ablehnung bezeugen, Zugehörigkeit zeigen, die Absicht zu Frieden und Versöhnung bekunden, Versprechen besiegeln. Gebärden können sogar die gesprochene Sprache ganz ersetzen.

Für Trauernde sind Gesten und Gebärden besonders wichtig. Wo Worte fehlen, können Hände sprechen. Ein Händedruck, der Mitgefühl ausdrückt. Das Halten der Hand, wenn der Boden unter den Füßen wankt. Sanfte Berührungen, die beruhigen und Wärme vermitteln. Eine Segensgeste, ein Kreuzzeichen, die die Verbundenheit mit einer höheren Macht vergewissern.

Vorbereitung

Die Eltern erhalten am Eingang eine Karte von Sieger Köder: „Ich habe dich eingezeichnet in meine Hand".

Ansprache

Liebe Eltern und Familien, Sie haben vor sich ein Bild des katholischen Theologen und Künstlers Sieger Köder. Betrachten wir zunächst das, was er am unteren Bildrand darstellt: Wir sehen eine Gruppe von Menschen, die offenbar auf der Flucht sind. Am Bildrand links sehen wir den Wagen, mit dem sie gekommen sind – in Eis, Schnee und Kälte. Die Menschen drängen sich dicht zusammen, um einander zu wärmen. Sie suchen beieinander Schutz, gehüllt in wärmende Tücher.

Betrachten wir ihre Gesichter näher: Die linke der drei Frauen hat die Augen geschlossen. Müde wirkt sie, ohne Hoffnung, am Ende ihrer Kraft. Ihr Mund ist verhüllt, als sei er verstummt. Nicht einmal mehr zum Klagen hat sie Kraft. Dicht neben ihr entdecken wir eine kaum erkennbare Gestalt, die sich an sie drängt, und deren Gesicht man nicht sieht: offenbar ihr Kind. Zu schwach erscheint die Mutter dazu, das Kind in die Arme zu nehmen. Die mittlere Frau hat ebenfalls ihr Kind bei sich. Sie hat sich und das Kind mit einem Tuch umhüllt. Dort liegt es geborgen wie in einer Höhle. Beide sind ganz mit sich beschäftigt. Sie halten sich aneinander fest. Die Frau hat die Augen geöffnet, doch sie blicken ins Leere, unendlich traurig, ohne jeden Hoffnungsschimmer. Was soll nur werden?

Rechts neben den beiden Müttern sitzt eine alte Frau. Ihr Gesicht zeigt die Spuren langen Leidens. Die Stirn ist in sorgenvolle Falten gelegt. Ihr Mund ist eingefallen, als sei kaum noch Leben in ihr.

Vor den drei Frauen sehen wir zwei Kinder. Auch ihre Augen sind traurig. Aber ein Hoffnungsschimmer leuchtet darin auf. Sie halten eine weiße Taube in den Händen, ein Zeichen des Friedens und der Hoffnung. Ein Zeichen für Gottes Gegenwart. Ein Zeichen dafür, dass das Leben weitergeht, auch in dieser trostlosen Situation.

Denn so trostlos, wie es auf den ersten Blick erscheint, ist das Schicksal dieser Menschen nicht. Sie sind nicht allein in der Kälte und Einöde. Sie sind geborgen in einer überdimensionalen Hand. Der Hand Gottes, Allahs oder der Urkraft des Lebens.

Erst auf den zweiten Blick erkennen wir sie, wie sie sich über das ganze Bild erstreckt, in der blauen Farbe des Himmels und der Treue. Behutsam und schützend nimmt diese Hand die Menschen auf. Schon haben die ausgestreckten Finger sie umfasst, während sie noch angstvoll und verzweifelt in sich versunken sind. Nur die Kinder scheinen etwas zu spüren von dem Wunder, das sie umgibt.

In die Mitte der Hand hat der Künstler eine Mutter gezeichnet, die sich beschützend über ihr Kind beugt, so wie die Frau in der Mitte unten. Geborgen wie im Mutterleib ist das Kind bei seiner Mutter. Geborgen wie im Mutterleib sind wir auch bei Gott – in Angst, Not und Gefahr, auch wenn es scheinbar keinen Ausweg mehr gibt.

Die Menschen auf dem Bild wissen nichts von der Hand, die sie hält. Wenn sie nur die Augen erheben und sehen würden!

Wenn wir nur die Augen öffnen und sehen würden, dann könnten wir voller Zuversicht sein auch in dunklen Zeiten. Wir sind geborgen. Wir und unsere Kinder, die wir verloren haben. Sie sind nicht verloren, sondern gut aufgehoben.

in meiner hand

nur eine handvoll
mensch
in meiner hand
konnte dich nicht bergen
in mir
dich nicht halten
in meinem schützenden leib

ich umhülle dich
mit meiner lebenswärme
alle meine liebe lege ich
in meine hände
wird dein herz sie spüren
und wieder zu schlagen beginnen

ich möchte dich tragen
für immer
in meinen händen
an meiner brust
doch du kannst nicht bleiben

mit leeren händen und kaltem herzen
gehe ich
wohin

ich spüre deine kleine hand
in der meinen
wärme in meiner mitte
einen hauch in meinem ohr

ich gehe mit dir
weil wir zusammengehören
für immer

Antje Wenzel-Kassmer

Segen

aus der fülle

gott fülle deine hände
mit der kraft zu tragen
was das leben dir
an schwerem auferlegt

gott fülle deine hände
mit vertrauen
dass du annehmen kannst
was dir geschenkt ist

gott fülle deine hände
mit liebe
dass du geben kannst
wovon dein herz überfließt

gott fülle deine hände
dein herz und deinen geist
mit seinem segen
und halte seine hände
über dir
auf allen deinen wegen

Antje Wenzel-Kassmer

3.4.11 Candle Lighting zum Symbol „Mantel"

Einführung in das Symbol

Ein Mantel schützt vor Wind und Kälte. Er gibt Geborgenheit, Wärme, Sicherheit. Ohne einen Mantel sind Menschen den Wettereinflüssen schutzlos ausgeliefert. Ein Mantel kann Leben retten, wenn eisige Temperaturen herrschen. Er schützt aber auch vor Bloßstellung. Wer einen guten Mantel besitzt, kann darunter schlechte Kleidung oder Nacktheit verbergen. In biblischen Zeiten galt es als schweres Verbrechen, einem anderen den schützenden Mantel wegzunehmen. Er durfte auch nicht gepfändet werden, um Schulden zu begleichen. Später gab es den Brauch, jemandem durch Bedecken mit seinem Mantel rechtlichen Schutz zu gewähren.

Trauernde bedürfen eines besonderen Schutzes. Sie fühlen sich den Blicken und dem Unverständnis anderer oft ausgeliefert. Es kann ihnen Trost geben, wenn jemand einen Mantel der liebenden Annahme um sie legt – ihnen die Ruhe und Gelegenheit zum Rückzug gibt, die sie brauchen, und tröstende Worte spricht, die nicht aufdrängen wollen, sondern Anteilnahme zeigen.

Vorbereitung

Die Eltern erhalten am Eingang eine Karte mit dem Bild „Ihre Kinder wird man auf den Knien schaukeln" von Sieger Köder.

Ansprache

Liebe Eltern und Familien, es ist kalt geworden. Der nicht enden wollende Regen bringt eine kalte Feuchtigkeit mit sich, die in alle Glieder zieht. Darum sind wir froh, wenn wir uns in einen warmen Mantel hüllen können. Mäntel wärmen und schützen. In biblischen Zeiten, als es keine beheizten Räume gab, galt es als schweres Verbrechen, einem anderen den Mantel wegzunehmen. Ohne den aus dickem Stoff gewebten Mantel war ein Mensch damals dem Kältetod ausgeliefert.

Anders als viele Tiere, die schon bei der Geburt mit einem Fell ausgestattet sind, kommen wir Menschen nackt auf die Welt. Wir sind angewiesen auf Mutter und Vater, die uns in die Arme nehmen und wärmen und uns in schützende Tücher hüllen.

Sie, liebe Eltern, erleben nun nach dem Verlust Ihres Kindes, dass Ihre bisherigen Sicherheiten erschüttert sind. Es ist, als habe man Ihnen mitten im eisigen Winter den wärmenden Mantel weggenommen. Ausgeliefert an die rauen Stürme des Lebens, müssen Sie einen Weg für sich finden und um das eigene Weiterleben kämpfen.

Ohne einen Mantel verlieren wir nicht nur Schutz und Wärme. Unser Status ändert sich. Ein Mantel ist mehr als ein Kleidungsstück. Ein teurer, schicker Mantel wertet das Ansehen auf; ein zerlumpter oder abgetragener Mantel weist uns als armen oder wenig lebenstüchtigen Menschen aus. Und dann gibt es noch die Berufe, zu denen ein Mantel als Symbol ihres besonderen Status gehört. Arztkittel und Talare der Geistlichen und Richter sind z. B. solche besonderen Mäntel.

Wer wie Sie ein Kind verliert, verliert nicht nur Schutz und Sicherheit, sondern auch Status. Auf einmal gehören Sie nicht mehr richtig dazu, man geht Ihnen aus dem Weg, redet über Sie, als hätten Sie einen Makel. Und Sie selbst fühlen sich auch so – als Verlierer der Gesellschaft und vom Leben Benachteiligte.

Sie haben am Eingang ein Bild bekommen. Es zeigt eine Frau, die zwei Kinder auf ihren Schoß genommen hat und sie mit ihren Händen und mit ihrem grünen Umhang schützt und wärmt. Die Kinder, obwohl sie nur spärlich bekleidet sind, sind fröhlich und unbeschwert.

Dieses Bild hat der Maler Sieger Köder gestaltet, nach einem Text aus dem Buch des Propheten Jesaja (66,10 ff, i.A.): „Freut euch mit Jerusalem! Freut euch mit ihr, alle, die ihr über sie traurig gewesen seid. Denn nun dürft ihr saugen und euch satt trinken an den Brüsten ihres Trostes. Auf dem Arm wird man euch tragen und auf den Knien euch liebkosen. So spricht der Herr: Ich will euch trösten, wie einen seine Mutter tröstet."

Damals, als der Prophet zum Volk Israel diese Worte sprach, war das Volk sehr verzweifelt. Die Israeliten waren aus der jahrzehntelangen Verbannung zurückgekehrt nach Jerusalem, in die Heimatstadt, nach der sie sich so lange gesehnt hatten. Doch Jerusalem liegt in Trümmern. Die Feinde haben alles zerstört und es sind kaum Mittel da, um die Stadt wiederaufzubauen. Wie sollen sie ein neues Leben anfangen mit nichts in den Händen als ihrer enttäuschten Sehnsucht?

Wenn wir das Bild näher betrachten, sehen wir, dass die dicke braune Decke, die die Frau um ihren Schoß gewickelt hat, aus Steinen und Trümmern besteht. Hier und da sind noch ein Haus und eine Kuppel zu erkennen, aber das Gesamtbild der Stadt bezeugt, dass kaum noch ein Stein auf dem anderen steht.

So ergeht es auch Ihnen, liebe Eltern. Der fruchtbare Schoß, der

Leben geschenkt hat, hat sich verwandelt in etwas, das nicht mehr bergen und schützen kann. Die Liebe, die das Bedürfnis hervorgerufen hat, Ihrem Kind ein guter, sicherer Hort zu sein, ist zerfallen in Schmerz und Trauer. Und vielleicht ist auch Ihr Vertrauen in das Leben zerfallen und Ihr Glaube an einen Gott, der die Menschen und besonders die Kinder liebt und vor Unheil bewahrt.

Die Israeliten damals hatten ebenfalls Zweifel daran, dass Gott es noch gut mit ihnen meinte. Doch der Prophet macht ihnen neue Hoffnung. In der zerstörten Stadt liegt das Potenzial eines neuen Anfangs. Rascher, als das Volk sich vorstellen kann, wird etwas Neues aus den Trümmern entstehen. In euch liegen so viele Kräfte, lässt Gott den verzweifelten Menschen durch den Propheten sagen. Bewahrt euch die Hoffnung und das Vertrauen in das Leben und ihr werdet einen Weg finden, euer Leben neu aufzubauen. Tut euch zusammen, vereint eure kleinen Kräfte und es wird eine große Kraft daraus erwachsen. Ich aber, sagt Gott, werde für euch da sein wie eine Mutter, die ihre Kinder auf ihrem Schoß birgt und in ihren Mantel hüllt.

Liebe Eltern, Sie können die Kinder, die Sie verloren haben, nicht mehr schützen. Und das brauchen Sie auch nicht mehr. Denn sie sind jetzt, so wie die beiden Kinder auf dem Bild, geborgen bei Gott, bei Allah, bei der Urkraft des Lebens – je nach Ihrem Glauben und Ihren spirituellen Vorstellungen.

Und wenn Sie Ihre Kinder dazu noch in den Mantel Ihrer Liebe und des Vertrauens hüllen, dann geben Sie ihnen noch etwas Wichtiges von sich mit. Denn davon bin ich überzeugt: Alles, was wir denken und fühlen, kommt bei denen an, die wir verloren haben, und kommt, wenn es Liebe war, als Trost zurück.

In der Bibel gibt es noch eine ermutigende Geschichte. Eine Frau, die seit langen Jahren krank ist, sucht die Nähe zu Jesus, der umringt ist von einer Menschenmenge. Sie erwischt in der Enge nur den Zipfel seines Mantels und klammert sich daran. Sie wird geheilt.

Wenn Ihr Glaube, liebe Eltern und Familien, und Ihre Hoffnung auch nicht größer sind als der Zipfel eines Mantels – es reicht. Gott wird den Mantel seiner Liebe ganz um Sie breiten und Ihren Schmerz heilen.

umfangen

in den mantel meiner liebe
will ich dich hüllen
kleines schutzloses kind
dich wärmen mit herzblut
dich decken mit tränengefüllten küssen
dich umfangen
mit jeder faser meines bebenden körpers

in den mantel der erinnerung
lege ich
deine zarten hände
die vollkommenen füße
dein kleines liebes gesicht
dein winziges stupsnäschen
die in weise falten gelegte stirn

dein stilles lächeln
mein kind
für immer
im mantel meines herzens

Antje Wenzel-Kassmer

Musikvorschlag: „Gottes Mantel" (Text & Musik: Kurt Mikula)

Segen

wenn die trauer dich
schutzlos zurücklässt
ausgesetzt
deiner bodenlosen angst
und den blicken der anderen
dann lege gott
mit sanften händen
den mantel seines segens um dich
er nehme deine bange seele
auf in seinen bergenden frieden

Antje Wenzel-Kassmer

3.4.12 Candle Lighting zum Symbol „Engel"

Einführung in das Symbol

Viele Menschen, auch wenn sie sich nicht als „gläubig" bezeichnen (in dem Sinne, dass sie sich der Lehre und den Gebräuchen einer Kirche oder Religion zugehörig fühlen), glauben an die Gegenwart von Engeln in ihrem Leben und dem Leben anderer. Besonders in der Zeit der Trauer werden innere Bilder von schützenden und begleitenden Engeln lebendig und entfalten ihre Kraft.

Die Vorstellung von Engeln als Boten des Himmels gibt es in vielen Religionen. Engel sind von Gott gesandt und haben die Aufgabe, Menschen zu beschützen, zu warnen oder ihnen Zeichen zu geben. Auch die Vorstellung, dass Menschen nach dem Tod selbst zu Engeln werden, ist häufig zu finden. Viele trauernde Eltern sprechen davon, dass ihr Kind jetzt ein Engel geworden ist, der in einem Himmel wohnt und von dort aus auf die Familie aufpasst, die auf der Erde zurückgeblieben ist.

Vorbereitung
Die Teilnehmenden bekommen Karten mit je zwei Zeichnungen von Paul Klee: „Es weint“ (Vorderseite) und „Fels der Engel“ (Rückseite). Zu der Karte wird im Verlauf der Gedenkfeier eine Meditation gelesen.

Dekoration: Auf dem Altar stehen verschiedene Engelsfiguren, unterschiedlich in Größe und Form.

Meditation zu zwei Zeichnungen von Paul Klee

Es weint

ein engel
er lässt die flügel hängen
in sich zusammengesunken
sitzt er da
eine gebrochene gestalt
die augen geschwollen
vom vielen weinen
sie sehen kein licht mehr
keinen ausweg

überhaupt keinen weg mehr
ins leben
nur noch schmerz ist er
der stolze engel
eine mauer aus schweigen
und trauer

so fühlen sich eltern
die guter hoffnung waren
und plötzlich
mit leeren händen dastehen
fassungslos
hoffnungslos
voller schmerz
voller klage
und anklage

warum ich
warum wir
wir waren und sind doch
so voller liebe
für unser kind
unsere herzen sind gebrochen
warum
womit haben wir das verdient
diesen schmerz
diese sinnlosigkeit

wo finden wir
licht
hoffnung
neues leben
wie kann das leben weitergehen
wenn sich der boden
der es trug
in einen abgrund verwandelt

Fels der Engel
sehen wir hinter den traurigen engel
hinter die undurchsichtige mauer
aus angst
schweigen
und schmerz

spielende engel
auf einem felsen
fröhlich und frei
die köpfe erhoben
schauen sie ins licht
entfalten ihre flügel
schwingen sich auf
in den himmel
ins paradies

die verstorbenen kinder

sind solche engel
fest stehen sie
auf dem felsen der liebe
der liebe gottes und
der liebe der eltern
frei sind sie
und glücklich
geborgen
und nicht allein
sie haben freunde
für die ewigkeit
und der felsen der liebe
gibt halt

und vielleicht
kommen sie ab und an auch zurück
zu ihren eltern
auf die erde
streichen leise mit ihren flügeln
über ihre wangen
flüstern ihnen tröstende worte
ins ohr
beschützen sie vor gefahren
und vor dem abgrund der verzweiflung
singen ihnen ein lied
das das herz berührt
ein lied von gottes ewiger liebe
und von dem band
das niemals zerreißt

Antje Wenzel-Kassmer

Segen

der segen eines engels

möge ein engel
deine tränen trocknen
mit seinem goldenen haar

möge ein engel
lichtfunken
auf deine verdunkelten wege streuen

möge ein engel
heilsame worte
wie balsam
in die wunde deines herzens
träufeln

möge ein engel
ein lächeln
in deine augen zaubern
wie nur engel es können

möge ein engel
beide flügel um dich legen
behutsam
ohne dich zu erdrücken
und dich bergen
in der liebe des himmels

Antje Wenzel-Kassmer

4. Gemeinsame Bestattung tot- und fehlgeborener Kinder auf einem Gräberfeld für „Sternenkinder“

4.1 *Vorbereitung*

Die Eltern, die eine Einladung zur gemeinsamen Bestattung wünschen, werden mit einem persönlichen Brief eingeladen. In diesem Brief erhalten sie, neben einem Lageplan des Friedhofs, Informationen zum Ablauf der Trauerfeier und zu den Modalitäten der Bestattung. Für viele der jungen Eltern ist es das erste Mal, dass sie überhaupt an einer Beerdigung teilnehmen. Eventuell haben sie eine Bestattung in der Verwandtschaft erlebt, doch es ist eine völlig andere Situation, das eigene Kind zu Grabe zu tragen. Viele Eltern können sich nicht vorstellen, wie sie diesen Weg bewältigen sollen. Sie haben auch kaum eine Vorstellung davon, was von ihnen erwartet wird und was mit ihrem kleinen Kind geschieht. Umso wichtiger ist es, ihnen im Vorfeld ein Bild von dem zu vermitteln, was sie erwartet.

Viele falsche und schwierige Vorstellungen setzen sich in den Köpfen der Eltern fest. Fragen wie „Wie liegen die Kinder in diesem Sarg/Körbchen? Liegen sie übereinander? Sind die Mädchen und die Jungen getrennt? Sind sie angezogen oder nackt? Wie passen all diese Kinder in ein so kleines Kästchen?“ werden oft gestellt. Oder auch diese: „Werden die Kinder nach der Beerdigung wieder ausgegraben und in einzelne Gräber gelegt? Werden sie später verbrannt?“ Manche Eltern erwarten oder befürchten, dass der Sarg vor der Beerdigung noch einmal geöffnet wird. Solche Fragen können in einem einfühlsamen Brief zuvor aufgegriffen werden.

Die Eltern erhalten außerdem ein Bild von der Gedenkstätte, an der sie Blumen und Spielsachen ablegen können.

In Krefeld ist das Fotografieren während der Trauerfeier in der Trauerhalle des Friedhofs und am Grab gestattet. Unsere Sternenkinderfotografin hat zudem jede gemeinsame Bestattung begleitet und den Eltern, die Interesse daran hatten, ihre Fotos zugeschickt.

4.2 Die Trauerfeier

In der Trauerhalle steht der Sarg/das Körbchen mit den verstorbenen Kindern auf einem Tisch, der mit einem schönen Tuch abgedeckt ist. Vor dem Tisch steht ein Korb mit Teelichtern.

Am Eingang erhalten Eltern einen Papierstern und einen Filzstift. Auf dem Stern können sie den Namen ihres verstorbenen Kindes notieren. Um die Anonymität zu wahren, werden nur die Vornamen der Kinder notiert. Wenn die Eltern ihrem Kind keinen Namen gegeben haben, können sie eine andere Bezeichnung wählen: „Unser Sternchen", „Knübbelchen", „Engelchen" oder Ähnliches.

Die Musik soll ruhig und melodisch sein. Sie soll nicht aufwühlen, sondern die Eltern zur Ruhe kommen lassen. Sphärische Klänge (z. B.: Musik von Enya) schaffen eine andächtige Atmosphäre. Lieder mit Texten, die die Trauer thematisieren, sind nicht geeignet, da sie die Emotionen verstärken. Junge Eltern hören zu Hause gern Lieder, die ihre Gefühle in starke Worte fassen. Sie gehören jedoch eher in einen privaten Rahmen, in dem Tränen ungehindert fließen dürfen, als in eine gemeinsame Trauerfeier.

4.3 Beispiel für eine Trauerfeier anlässlich einer gemeinsamen Bestattung auf einem Gräberfeld

Musik

Begrüßung

Liebe Eltern und Familien, in dieser Abschiedsfeier wollen wir Ihr Kind und die anderen kleinen, früh verstorbenen Kinder verabschieden.

Wir wollen das Leben der Kleinsten unter uns würdigen, die das Licht dieser Welt nicht erblicken oder nur kurz schauen konnten.

Das Leben dieser kleinen Kinder ist für uns groß und wertvoll. Sie gehören zu uns. Sie gehören in unser Leben. Und ihr Leben wird bewahrt, auf ewig. In dieser Hoffnung nehmen wir jetzt Abschied.

Mit Gedichten, Gebeten und Liedern geben wir dem Raum, was

Sie bewegt. Wir zünden Lichter an für jedes Kind und stellen es auf einen Stern. Denn unsere Kinder sind unser Licht, das uns für immer begleitet, wie die Sterne am Himmel in jeder Nacht.

erinnerung

erinnerung ist
wie eine schöne blume
die im sommer ihr buntes kleid entfaltet
und wiesen und felder zum leuchten bringt

deren farben im herbst verblassen
bis die blüte zerfällt
zu staub
vom winde verweht

erkaltet bis ins die wurzelspitze
im traumlosen schlaf des winters

im frühjahr
aber geschieht das wunder
wenn die ersten grünen blättchen
das dunkel durchbrechen
dann gelangt wieder ans licht
was tief im herzen ruhte

Antje Wenzel-Kassmer

Gebet von Eltern eines Sternenkindes

Gott, wir haben uns gefreut und alles vorbereitet,
dass unser Kind in ein schönes Zuhause kommen kann.
Was haben wir alles bedacht – und jetzt dieser unvermutete Abschied.
Das ist schwer, Gott.
Wir haben die Bewegungen (unseres Kindes, Anm. des Verf.) gespürt, die Veränderungen bemerkt, sein Wachstum verfolgt.
Unsere Beziehung ist schon gewachsen –
dieses Kind, dieser kleine Mensch sollte mit uns leben.

Gott, es tut so weh.
Unvorbereitet traf uns dieser Tod ...
Wir suchen nach Trost, nach tröstlichen Gedanken.
Fast verschlägt es uns die Sprache.
Nur eines bleibt uns,
und wir sagen es stockend und doch von Herzen:
Wir danken dir, dass dieses Kind ... wuchs und wurde.
Wir danken dir für die Erfahrungen,
die wir während der Schwangerschaft machen konnten,
... für die Stunden des Glücks,
für alle Hoffnungen und Träume.
Dafür wollen wir danken – ohne wenn und aber.
Und wir bitten dich, Gott, nimm unser Kind auf in dein Reich.
Umhülle es sanft und lass es bei dir geborgen sein.

Aus: S. Jestadt, Die Bestattung totgeborener Kinder

Musik

Einladung zum Entzünden von Kerzen

Wir laden Sie nun ein, Ihren Stern, auf den Sie den Namen Ihres Kindes geschrieben haben, vor den Sarg zu legen und eine Kerze zu entzünden. Die Kerze stellen Sie auf Ihren Stern. So leuchten die Sterne Ihrer Kinder warm und hell wie Ihre Liebe, die Sie mit Ihren Kindern verbindet. So warm und hell ist auch der Ort, an dem Ihre Kinder jetzt sind.

Musik zum Entzünden der Kerzen

Meditation:

im licht

wir leben vom licht
von den strahlen der sonne am tag
und vom schimmern des mondes und der sterne in der nacht
an langen abenden erhellen lampen unsere zimmer
oder wir zünden kerzen an

um uns in ihrem warmen schein
geborgen zu fühlen
licht ist leben

ihre kinder haben das licht nicht gesehen
es konnte sie nicht wärmen
nicht bergen
die farben ihrer welt nicht bunt machen

und doch
sie haben im licht gelebt
ihr ganzes kurzes leben lang
im licht der liebe haben sie gelebt
der liebe von mutter und vater
der liebe ihrer geschwister und großeltern
denn sie waren geliebt
erwartet
erhofft
sie haben die wärme des mutterleibs gespürt
die wärme der liebe
die mehr geborgenheit schenkt
als irgendetwas sonst auf der welt
sie haben farben gesehen
die farben ihrer träume
ungeborene kinder träumen viel
viel mehr als wir geborenen
ihr leben ist mehr traum als wachsein
und ihre träume sind bunt und schön
weil sie geborgen sind
weil mutter und vater um sie sind
und sie erwarten und ersehnen

sie bekommen auch unsere sorgen ab
drinnen im mutterleib
aber was uns sorgt
das sorgt sie nicht

sie kennen noch keine angst
kein misstrauen
sie fürchten keine krankheiten oder schmerzen
sie wissen nichts vom tod und der endlichkeit des lebens
sie geben sich ganz dem leben hin
im jetzt und hier

kinder des lichtes nennen wir sie
die zu früh geboren wurden
und nicht weiterleben konnten
oder auch sternenkinder
denn ihr leben war licht
nichts als licht
und sie bleiben im licht
in der welt
in der sie jetzt sind
im himmel
auf einem stern
in den armen gottes
welche bilder wir auch in uns haben
von dem ort
an den sie gegangen sind
was wir kaum in worte
fassen können
spüren wir
fühlen wir
sie sind im licht
und immer noch in der liebe
aus unserer liebe können sie niemals herausfallen
und aus gottes liebe erst recht nicht
denn sie sind gottes kinder
für immer

aus ihrer hellen welt
senden sie uns eine botschaft
und wenn wir ganz in uns hineinhören

dann können wir sie vernehmen
denkt an uns
wenn ihr im dunkel der traurigkeit zu versinken droht
wenn ihr keinen hoffnungssschimmer mehr seht
wenn die angst euch die luft nimmt
und die welt ihre farben verliert
weil ihr alles nur grau in grau seht
denkt an uns
an das licht
das uns umgibt
und das auch euch umgibt
wenn ihr nur die augen öffnet
könnt ihr es sehen
ihr könnt es fühlen
dass auch ihr geliebt seid
von uns
von den menschen um euch
und von gott oder allah oder der urkraft des lebens

Gott ist mein Licht und mein Heil, wovor sollte ich mich fürchten.
Gott ist meines Lebens Kraft, wovor sollte mir bangen? (Psalm 27,1)

Musik

Gebet
Gott, Allah, Urkraft des Lebens,
auch wenn unsere Tränen fließen,
ahnen wir doch, dass es irgendwo einen Lichtschein für uns gibt.
Die Liebe, die uns mit unseren Kindern verbindet, wird nie aufhören.
In unserer Liebe sind wir für immer verbunden.
Wir legen unsere Kinder in deine Hände.
Nimm sie auf in deine Geborgenheit,
nimm sie ganz hinein in deine Liebe.
Gib ihnen dein Licht, deine Wärme, deine Zuwendung.
Für immer.

Musik

Am Grab

Die Eltern und ihre Zugehörigen bilden einen großen Kreis um das Grab. Dabei ist darauf zuachten, dass jeder und jede Einzelne den Abstand oder die Nähe zum offenen Grab selbst bestimmen kann. Manche Eltern brauchen viel Distanz zum Grab, andere möchten direkt hineinsehen und ihrem Kind nahe sein.

Einleitende Worte

Wir legen unsere Kinder in den Schoß der Mutter Erde. Lebendige Erde wird sie umhüllen wie eine weiche Decke. Diese Kinder sind nicht allein auf ihrem Weg ins Licht. Sie reisen zusammen. Gottes Engel begleiten ihren Weg.

Über dem Sarg

So segne und behüte euch Gott, Allah oder die Urkraft des Lebens. Die Liebe des Himmels trage euch in ewiges Licht.

Grablegung

Die Eltern sind eingeladen, eine Handvoll bzw. eine Schaufel voll Erde und eine Blume in das Grab zu werfen. Mitgebrachte Spielsachen und Stofftiere können am Gedenkstein abgelegt werden. Die Papiersterne werden den Eltern ausgehändigt. Sie können sie ins Grab werfen oder als Andenken mit nach Hause nehmen.

Fürbitten

Wir bitten für diese Kinder, für (*Namen der Kinder verlesen*).
Möge es ihnen gut gehen in dem Licht der Liebe Gottes, Allahs oder der Urkraft des Lebens.
Mögen die Spuren, die sie in unseren Herzen hinterlassen haben, für immer bleiben.

Wir bitten für die Eltern, die ihren Kindern ein schönes Zuhause geben wollten,
dass die Wunden in ihren Herzen heilen,
dass sie zu neuem Vertrauen in das Leben finden.

Wir bitten für ihre Angehörigen und Freunde,
die mit ihnen trauern,
dass sie die Geduld finden, einander zuzuhören,
Hände zu reichen,
und Tränen und Schmerz miteinander auszuhalten.

Wir bitten für alle, die sich hilflos fühlen wie wir,
wenn ein Kind aus dieser Welt geht,
für das sie gekämpft und gehofft haben,
Ärztinnen und Ärzte, Pflegende und Hebammen.

Wir bitten für die Kleinsten der Kinder,
die an anderen Orten bestattet wurden
oder die keinen Ort bekommen haben, an dem sie ruhen.
Nimm sie auf in deinen Frieden.

Wir danken, dass wir hier zusammen sind,
dass unsere Kinder zusammen ruhen werden.
Wir können einander trösten,
durch wortloses Verstehen,
einen Händedruck, eine sanfte Berührung,
und durch die Traurigkeit, die uns gemeinsam ist.

Segen

sternschnuppensegen
ich wünsche dir
dass die sterne des himmels auch
in die nacht deiner trauer fallen
und dich mit dem glanz ewigen lebens
erleuchten
Antje Wenzel-Kassmer

Nach dem Segen dürfen die Eltern und Familien ihre eigenen Gebete oder Texte am Grab sprechen. Das ist insbesondere für muslimische Familien wichtig, die manchmal einen islamischen Geistlichen mitbringen, der Gebete und Texte aus dem Koran verlesen möchte.

5. Die individuelle Bestattung eines tot- oder fehlgeborenen Kindes

5.1 *Zur Gestaltung der Trauerfeier*

Manche Eltern wünschen sich für ihr totgeborenes Kind eine individuelle Bestattung. Kinder, deren Herz nach der Geburt geschlagen hat oder die einen Atemzug getan haben, gelten als Lebendgeburt und können nicht in einer Sammelbestattung beerdigt werden. Für diese Individualbestattungen können auch die für die Gedenkfeiern im Rahmen des Candle Lighting beschriebenen Symbole verwendet werden.

Eine weitere Möglichkeit ist das Aufgreifens des Namens, den die Eltern für ihr Kind ausgesucht haben. Namen wie Mailo (der Angenehme, Liebliche), Luis (berühmter Kämpfer), Malea (die Blume), Alexander (von edlem Wesen) sind bildreich und können in Verbindung mit dem, was die Eltern in ihrem Kind sehen, entfaltet werden.

Bei individuellen Bestattungen haben die Eltern mehr Möglichkeiten, eigene Texte und Liedwünsche einzubringen. Junge Eltern finden oft in den Foren im Internet Texte, die ihnen Trost geben. Diese Texte können verlesen oder auf einem schön gestalteten Textblatt abgedruckt und verteilt werden.

Wichtig ist, in der Ansprache und den Gebeten das aufzugreifen, was die Eltern aktuell bewegt, und dem Raum zu geben, was sie in dieser Situation tröstet.

Geschwisterkinder sollten so weit wie möglich in die Gestaltung der Trauerfeier einbezogen werden. Vielleicht möchten sie ein Lied aussuchen, das gespielt wird, ein Bild malen, das mit in den Sarg gegeben wird oder mit den Eltern ein Spielzeug auswählen, das auf das Grab gestellt wird. Ein beliebtes Ritual ist, zum Abschluss der Bestattung Luftballons steigen zu lassen, begleitet von guten Wünschen für das verstorbene Kind. Die Hoffnung ist, dass diese Wünsche „im Himmel" ankommen und erhört werden (Achtung: Für eine Luftballonaktion ist die Genehmigung der Friedhofsverwaltung einzuholen).

Viele Bestatter bieten den Angehörigen an, den Sarg des Kindes selbst zu bemalen und zu verzieren. Das gemeinsame kreative Handeln stärkt den Familienzusammenhalt und gibt besonders den Geschwisterkindern die Möglichkeit, ihre Trauer auszudrücken.

5.2 Beispiele für eine individuelle Kinderbestattung

Vorbemerkung: Alle persönlichen Angaben sowie Namen von Geschwisterkindern wurden im Vortext, den Ansprachen oder Gebeten verändert. Alle Eltern hatten einen christlichen Hintergrund, aber keine Beziehung (mehr) zu ihrer Kirche und Gemeinde.

5.2.1 Aurora

Aurora wurde in der 30. Schwangerschaftswoche tot geboren. Schon in der frühen Schwangerschaft gab es Komplikationen. Die Familie hat bereits ein Kind verloren, den vierjährigen Adam. Neben den beiden verstorbenen Kindern haben die Eltern noch weitere Kinder zwischen fünf und zehn Jahren.

Ansprache

Liebe Eltern, liebe Geschwister *(Nennung der Namen)*, liebe Angehörige,

wir sind hier, um die kleine Aurora, Ihre Tochter und euer Schwesterchen, zu begleiten an den Ort, an dem sie für immer ruhen darf.

Sie sind traurig, weil sie nicht bei Ihnen ist. So gerne hätten Sie für sie gesorgt, ihr Ihre Liebe geschenkt, ihr die Welt gezeigt. Doch sie war zu klein, um auf dieser Welt leben zu können.

Niemand von uns weiß, wie es dort aussieht, wo Aurora jetzt ist, aber dass sie es gut hat, das dürfen wir hoffen. Sie stellen sich vor, wie sie dort zusammen ist mit ihrem Bruder Adam und vielleicht spielen sie im Himmel auf einer schönen Wiese und die Engel freuen sich an den beiden.

Wir wissen nicht, warum diese Kinder nicht bei uns auf der Erde bleiben konnten. Dann hättet ihr/hätten Sie mit ihnen viele schöne Dinge tun können.

Vielleicht hat Gott Aurora und Adam so lieb, dass er sie ganz nahe bei sich haben wollte. Aber wenn er Sie, wenn er euch gefragt hätte, dann hätten Sie ihm widersprochen und ihm gesagt, dass Sie die beiden nicht hergeben wollen.

Was Ihnen bleibt, sind viele Erinnerungen. An die schöne Zeit mit Adam. An die Zeit, als Aurora im Bauch der Mama war. Sie hat ihren Eltern viele Sorgen gemacht. Aber sie hat Ihnen auch schöne Gedanken geschenkt, Hoffnung und Liebe. Und sie hat Ihnen einige unvergessliche Stunden mitgegeben, als Sie sie in Ihren Armen gehalten haben, nachdem sie geboren war.

Aurora wird immer ein Teil Ihres Lebens bleiben. Und Sie werden Ihr Leben lang mit Liebe an sie denken.

Aurora bedeutet: Göttin der Morgenröte. Aurora, die kleine Göttin, Ihre schöne Tochter. Schön wie die Morgenröte. Die Morgenröte ist ein Teil des Himmels. Sie erfreut uns an jedem Morgen, wenn sie beim Aufgang der Sonne in wunderbaren Farben schimmert. Auch Ihre Tochter, eure Schwester, ist jetzt ein Teil des Himmels. Und immer, wenn Sie morgens in den Himmel sehen, dann denken Sie an Aurora und schicken ihr einen lieben Gruß dorthin, wo sie jetzt ist.

Am Grab
Wir legen Aurora nun in Gottes gute Erde, aus der bunte Blumen und starke Bäume wachsen.

Aus Psalm 119

In einem alten Lied aus der Bibel heißt es:
Führe ich gen Himmel, so bist du da;
bettete ich mich bei den Toten, siehe, so bist du auch da.
Nähme ich Flügel der Morgenröte
und bliebe am äußersten Meer,
so würde auch dort deine Hand mich führen
und deine Rechte mich halten.
Lutherbibel 2017

Gebet

Gott, Urkraft des Lebens, wir möchten zu Aurora fliegen, mit den Flügeln der Morgenröte. Weit weg ist sie nun, und doch so nah bei uns. Denn sie wohnt in unseren Herzen und wird immer dort sein. Es ist gut zu wissen, dass du immer bei uns bist. Du bist hier bei uns auf der Erde und bei den lieben Menschen, die nun im Himmel sind, dort, wo es warm und hell ist. Schenke Auroras Familie wieder gute Tage, an denen sie sicheren Boden unter den Füßen spüren. Gib ihnen neue Kraft und den Halt, den das Zusammensein in der Familie ihnen gibt. Wenn sie weiter füreinander da sind, dann wird es neues Glück für sie geben.

Wir bitten dich für alle Familien, die ein Kind verloren haben. Für alle, die um einen Menschen trauern. Für alle, die sich verlassen fühlen und ohne Hoffnung sind. Stehe ihnen bei.

Segen

Geht in die Welt, in Abend und Morgen,
in der Hoffnung, dass ihr behütet seid,
in der hellen Sonne des Tages und in der Dunkelheit der Nacht.
Der Schöpfer des Lichtes segne euch,
mit den Flügeln der Morgenröte,
mit den Strahlen der Mittagssonne,
und mit den warmen Farben des Abendrots.
Er sorge für euch und bewahre euch
und erfülle euer Leben mit Liebe.

Antje Wenzel-Kassmer

Luftballonaktion

Zum Abschluss der Beerdigung: Alle Teilnehmenden erhalten bunte, mit Gas gefüllte Luftballons und lassen sie in den Himmel fliegen.

Wir schicken Aurora und Adam nun einen Gruß in den Himmel. Unsere lieben Gedanken und guten Wünsche schicken wir mit. Mit den bunten Ballons geben wir dem Himmel schöne, leuchtende Farben – so wie die Morgenröte den Himmel in ein buntes Licht taucht.

5.2.2 David

David wurde in der 16. Schwangerschaftswoche tot geboren.

Ansprache

Liebe Eltern, liebe Angehörige, wir sind hier, um Ihr Kind, den kleinen David, zu begleiten auf seinem letzten Weg auf dieser Erde.

David hat den Namen eines starken Mannes. König David, von dem die Bibel erzählt, war ein Mann, der bereits als kleiner Junge einen Riesen besiegte, ohne Angst. Vielleicht war auch Ihr kleiner Junge etwas ganz Besonderes.

David ist ein Wunderkind. Eigentlich hätte es ihn gar nicht geben können, doch dann war er da, als ein unverhofftes Glück. Durch ihn haben Sie als Eltern sich neu gefunden. Die Liebe zu diesem Kind hat Ihre Liebe wachsen und reifen lassen.

David konnte nicht leben. Wir wissen nicht warum. Es bleibt sein Geheimnis. So geheimnisvoll, wie er in diese Welt gekommen ist, so ist er auch wieder gegangen.

Kaum spürbar war sein kleines, kurzes Leben. Sie haben nur seine Schatten gesehen, die die Ultraschallbilder zeigten. Er war so klein, dass Sie nur wenige Bewegungen spürten im Mutterleib. Und doch wussten Sie, dass er da war, lebten mit ihm und der Freude über Ihr Kind. Obwohl er leicht und zart war wie ein Engel, hat David doch tiefe Spuren hinterlassen in Ihrem Leben.

Er hat Ihnen die schönste Zeit Ihrer Partnerschaft geschenkt, als Sie ihn im Arm hielten, seine zarten Gesichtszüge bewunderten, seine kräftigen Beine, den Frieden, den er ausstrahlte. Ihr Sohn. Er hat Sie zu Mutter und Vater gemacht. Sie entdeckten, wie viel er von Ihnen geerbt hatte, von beiden etwas.

Sie erlebten Gefühle, die nicht in Worte zu fassen sind. So hat er Sie miteinander verbunden auf eine ganz besondere Weise. Er hat Ihr Leben intensiver gemacht. Trauriger und glücklicher. Doch alles, was Sie erleben, geht tiefer. So sehen Sie mehr, nehmen mehr wahr, spüren mehr.

Da sind viele Zeichen, die David Ihnen geschickt hat. Die Sonne, die den Himmel plötzlich hell macht. Ihr Licht, das etwas in Ihre Gesichter zaubert, das zuvor nicht da war.

Und das wird bleiben. David und sein kurzes Dasein auf dieser Erde hat Ihre Herzen berührt und etwas in Bewegung gebracht. Sie werden von nun an anders leben und anders zusammen sein.

Der Schmerz ist trotzdem immer in Ihnen. Die Liebe, die Sie für David empfunden haben, tut weh. Die Hoffnungen, die sich nicht erfüllt haben. Die Träume, die ins Leere gingen. Sie hätten so gerne für Ihren Sohn gesorgt, ihm die Welt gezeigt. Doch er ist in eine andere Welt gegangen, in die Sie ihm nicht folgen können. Auf diesem Weg wird er nun geführt von der Hand eines anderen, der Hand Gottes. Und eines Tages wird David Sie an die Hände nehmen und Ihnen seine Welt zeigen. Er ist Ihnen ein ganzes Stück vorausgegangen. Aber Sie werden sich wieder begegnen und wieder zusammen sein, das ist Ihre starke Hoffnung.

Bis dahin bleibt er Ihr kleiner, tapferer Engel, der Sie beschützt, der Sie wärmt, der Ihr Leben wieder hell macht, wenn Sie in dunklen Gedanken versinken. Vielleicht hat er Ihnen das sagen wollen, als er Ihnen zugewinkt hat, für einen kurzen Augenblick, beim Ultraschall.

begegnung mit einem engel

neulich traf ich einen engel
verloren stand er da
so klein
mit hängenden flügeln
unscheinbar
wie ein gänseblümchen am wegesrand
ich hatte mitleid und fragte ihn
warum er so traurig sei

es geht mir ans herz sagte er
dass du weinen musst
um dein kind
du weißt um mein kind
fragte ich
mit zitternder stimme
ja sagte er

siehst du denn nicht
ich bin es doch
dein kind
verloren auf dieser erde
weil du mir keinen platz gibst im himmel
nein sagte ich
bist du es wirklich
mein kind
verloren glaubte ich dich
mein kleiner engel

ich nahm meinen engel an die hand
und wir gingen den weg weiter
zusammen
bis dorthin
wo ich ihm die tränen trocknete
und die flügel richtete
und ihn fliegen ließ
in den himmel
und mein herz wurde leicht
endlich

Antje Wenzel-Kassmer

Gebet

Gott, Urkraft des Lebens, wir wollen dir danken für das Wunder, das du uns geschenkt hast. Für unser Kind. Wir legen David in deine Hände, auch wenn es uns schwerfällt und wir ihn lieber bei uns haben würden. Lass uns darauf vertrauen, dass er bei dir geborgen ist. Lass uns spüren, dass auch wir bei dir geborgen sind. Und dass wir für immer verbunden sind mit David.

5.2.3 Leonie

Leonie wurde in der 21. Schwangerschaftswoche tot geboren. Die Eltern haben ihrer Tochter einen kleinen versilberten Schlüssel mit in den Sarg gegeben – einen Himmelsschlüssel. In der Ansprache beziehe ich mich auf dieses von den Eltern gewählte Symbol.

Ansprache

Liebe Eltern, liebe Angehörige, ich versuche, Ihre Gedanken und das, was Sie bewegt, in Worte zu fassen, obwohl mir bewusst ist, dass Worte nicht ausdrücken können, was Sie nun empfinden:

mein engel
mein sonnenschein
so klein bist du
und doch mein kind
dein herz hat aufgehört zu schlagen
und doch lebst du in meinem herzen
mein kind
ich habe dich nur kurz im arm gehalten
deine kleinen hände berührt
deinen süßen mund gestreichelt
du bist mein kind
du bleibst mein kind
für immer

durch dich
bin ich eine mutter
durch dich
fühle ich wie eine mutter fühlt
durch dich habe ich
eine liebe kennengelernt die einzigartig ist

du hast mich und deinen vater verbunden
für immer
die liebe zu dir ist ein band zwischen uns
das niemals zerreißen wird

es hat unsere beziehung neu gemacht
anders
noch wissen wir nicht
wohin wir miteinander gehen werden
und wie weit
doch du bist immer bei uns
wohin wir auch gehen
du bist in uns
engel
sonnenschein

auch wenn wir unsere eigenen wege gehen
du gibst unserer liebe einen zauber
der uns einander und die welt
mit anderen augen sehen lässt

du füllst die leere in mir mit liebe
die liebe bleibt
auch wenn sie schmerzt
auch wenn sie voller unerfüllter sehnsucht ist
sie ist da
und niemand kann sie mir nehmen

vielleicht bleibt auch ein stück der hoffnung in uns
der hoffnung
dass gott uns nicht verlassen hat
dass er es gut mit uns meint
immer noch und trotz allem
die hoffnung bleibt
dass gott unser kind liebt
so wie wir es lieben
und dass er ihm die türen des himmels öffnet
den schlüssel dazu haben wir dir mitgegeben
als ein symbol für die türen
die dir nun offen stehen

auch uns haben sich türen geöffnet
die tür zu einem neuen gemeinsamen zuhause
es wird leer sein ohne dich
unser kleines kind
doch wir werden es füllen
mit liebe und erinnerungen
mit sehnsucht und hoffnung
und vielleicht auch mit ein wenig glauben
an gute mächte
die uns durch das leben begleiten

Liedtext
Von guten Mächten treu und still umgeben,
behütet und getröstet wunderbar, –
so will ich diese Tage mit euch leben
und mit euch gehen in ein neues Jahr;

noch will das alte unsre Herzen quälen,
noch drückt uns böser Tage schwere Last.
Ach Herr, gib unsern aufgeschreckten Seelen
das Heil, für das Du uns geschaffen hast.

Und reichst Du uns den schweren Kelch, den bittern,
des Leids, gefüllt bis an den höchsten Rand,
so nehmen wir ihn dankbar ohne Zittern
aus Deiner guten und geliebten Hand.

Doch willst Du uns noch einmal Freude schenken
an dieser Welt und ihrer Sonne Glanz,
dann woll'n wir des Vergangenen gedenken,
und dann gehört Dir unser Leben ganz.

Von guten Mächten wunderbar geborgen
erwarten wir getrost, was kommen mag.
Gott ist bei uns am Abend und am Morgen
und ganz gewiss an jedem neuen Tag.
Dietrich Bonhoeffer

5.2.4 Ryan

Die Zwillinge Ryan und Marius wurden in der 32. Schwangerschaftswoche geboren und lagen auf der Intensivstation. Marius starb nach wenigen Tagen, Ryan nach drei Wochen.

Ansprache

Liebe Eltern, liebe Angehörige, es ist kaum zu begreifen, dass wir heute wieder Abschied nehmen müssen. Vor fast zwei Wochen haben wir Marius hierher begleitet – und nun ist Ryan ihm auf seinem Weg gefolgt.

Er war Ihre ganze Hoffnung, nachdem Marius' Kraft für dieses Leben nicht mehr ausgereicht hatte.

Für ihn haben wir alle gehofft, gebangt, gebetet. Die Ärzte und Schwestern auf der Intensivstation haben alles getan, um sein kleines Leben zu retten. Und er selbst hat auch gekämpft.

Es war so viel Leben in diesem kleinen Menschen und ein ausgeprägter eigener Wille. Er bestimmte, wie viel Aufmerksamkeit und Zuwendung er brauchte. Da konnten die Eltern nicht einfach gehen, wenn er sie noch bei sich haben wollte. Und die Schwestern hatten alle Hände voll mit ihm zu tun. Er hat auch schon seinen Charme spielen lassen, hat gelächelt, gekuschelt, mit seinen kleinen Händen die Finger festgehalten. Ein richtiger kleiner Prinz. Das bedeutet auch sein Name, Ryan: kleiner König.

Doch das Leben hat ihm zu viel abverlangt. Er musste eine Operation über sich ergehen lassen, immer um Atem ringen, Schläuche und Nadeln ertragen. Es gab nur wenige Stunden am Tag, in denen er wirklich zur Ruhe kam. Es ging über seine Kräfte.

Ganz ruhig ist er schließlich eingeschlafen, im Arm seiner Mama. Er ist jetzt bei seinem Bruder, bei Marius. Hand in Hand gehen sie durch eine Welt, in der es ruhig ist und friedlich. Glücklich sind sie dort und frei.

Der kleine Prinz, so erzählt der Schriftsteller Antoine de Saint-Exupéry, kommt von einem fernen Stern auf die Erde. Auf der Erde ist ihm vieles fremd. Antoine erzählt ihm vom Leben auf der Erde und von dem, was die Menschen beschäftigt. Und der kleine Prinz berichtet von seinem Stern und von seiner Sicht des Lebens, die oft ganz anders ist. Vieles, was uns Menschen auf der Erde wichtig ist, kann er kaum verstehen. Viele Weisheiten hat er in seiner Seele angesammelt. „Man sieht nur mit dem Herzen gut", sagt er. „Was wirklich wichtig ist, ist für unsere Augen unsichtbar." „Die Liebe, die jemand verschenkt hat, kehrt immer zurück zu dem, der sie gegeben hat."

Eines Tages bekommt er Heimweh und beschließt, auf seinen Stern zurückzukehren. Antoine, der den kleinen Prinzen liebgewonnen hat, ist sehr traurig. „Was soll ich nur ohne dich tun?", fragt er. Und der kleine Prinz antwortet: „Wenn du bei Nacht den Himmel anschaust, wird es dir sein, als lachten alle Sterne, weil ich auf einem von ihnen wohne, weil ich auf einem von ihnen lache. Du allein wirst Sterne haben, die lachen können!

Und wenn du dich wieder getröstet hast, wirst du froh sein, mich gekannt zu haben. Du wirst immer mein Freund sein. Du wirst Lust haben, mit mir zu lachen. Und du wirst manchmal dein Fenster öffnen, gerade so, zum Vergnügen ... Und deine Freunde werden sehr erstaunt sein, wenn sie sehen, dass du den Himmel anblickst und lachst. Dann wirst du ihnen sagen: ‚Ja, die Sterne, die bringen mich immer zum Lachen!'"

Ryan und Marius sind dorthin zurückgekehrt, woher sie kamen. Sie sind zu Ihnen gekommen als ein Geschenk des Himmels, unverhofft. Als Ihre kleinen Prinzen haben sie Ihr Leben und Ihre Sicht auf die Welt verändert. Sie haben Ihr Leben bereichert. Auch wenn sie jetzt auf einem Stern wohnen, der weit von Ihnen entfernt ist, bleiben Sie doch für immer miteinander verbunden. Denn die Liebe ist ein starkes Band, das uns über alle Entfernungen miteinander verbindet, sogar bis in den Himmel.

Gebet

Gott, Urkraft des Lebens, wir verstehen nicht, warum diese beiden Kinder nicht leben durften. Du hast sie uns geschenkt und nun hast du sie uns wieder genommen. Lass uns dankbar sein, dass sie bei uns sein durften, wenn auch nur für so kurze Zeit. Wir nehmen die Liebe mit uns, die die beiden uns geschenkt haben. Sie haben unsere Herzen berührt und die Liebe, die uns verbunden hat, wird für immer bleiben.

Noch tut jeder Gedanke an Ryan und Marius weh. Das wird noch lange Zeit so sein. Doch gib uns ab und an ein Lächeln, Gott, wenn wir an sie denken und wenn wir in den Himmel sehen, wo sie glücklich sind.

Du trägst uns durch dieses Leben, gerade auch in den schwersten Zeiten. Lass uns spüren, dass du uns neue Kraft gibst. Lass uns füreinander da sein, einander in Geduld zuhören, Mut zusprechen und praktische Hilfe anbieten. Wir alle können füreinander Wesen von einem guten Stern sein, die helfen und beschützen.

5.2.5 Summer

Summer wurde in der 28. Schwangerschaftswoche geboren. Sie lebte noch drei Stunden und starb im Beisein ihrer Eltern, in den Armen ihrer Mutter.

Begrüßung

Liebe Eltern, liebe Angehörige und Freunde, wir sind hier, um Abschied zu nehmen von Summer. Es ist ein schwerer Tag. Sie möchten nicht Abschied nehmen. Sie möchten, dass dieses Kind lebt und bei Ihnen ist. Sie können nicht begreifen, was geschehen ist. Da sind so viele Fragen, auf die uns niemand eine Antwort geben kann. Sie brauchen Beistand, um jetzt weitergehen und weiterleben zu können. Darum legen wir uns, unsere Sorgen, Fragen und Nöte in die Hände Gottes, der Urkraft des Lebens.

Gebet

Dieses Kind war so klein. Es brauchte so viel Liebe und Wärme.
Es musste den schützenden Mutterleib verlassen.
Wir haben ihm gegeben, was wir konnten, doch seine Kraft war zu klein.
Es konnte nicht leben.
Gott, Urkraft des Lebens, gib Summer deine Wärme und dein Licht.
Gib ihr ein schönes Zuhause bei dir, in deinem Paradies.
Du nimmst die Kinder bei dir auf, weil du sie liebst,
so wie Eltern ihre Kinder lieben.
Darauf lass uns vertrauen.

Ansprache

Liebe Eltern und Angehörige, Summer war etwas Besonders. Denn sie war Ihr Kind. Sie haben ihr einen schönen Namen gegeben, der schöne, helle Gedanken in uns aufsteigen lässt: sonnige, warme Tage, duftende Blumen, grüne Wiesen, blauer Himmel. Summer – Sommer ist die schönste Zeit des Jahres, in der die Vögel unablässig singen und sogar der Regen warm ist. Sie haben sich auf dieses Kind gefreut wie auf den Sommer. Viele Monate haben Sie sie gespürt, als sie bei Ihnen war im Mutterleib, haben mit ihr gesprochen und sich vorgestellt, wie es mit ihr sein würde, wie sie lachen, Unsinn machen und mit der großen Schwester spielen würde. Sie haben sich ihr kleines Gesicht vorgestellt, die Augen, die Nase, den Mund. Was würde sie vom Papa haben, was von der Mama? Viele Monate haben Sie mit ihr gelebt, und sie hat Ihnen eine schöne Zeit geschenkt. Das, liebe Eltern, kann Ihnen niemand mehr nehmen. Ihre Erinnerungen an die hoffnungsvolle Zeit dürfen Sie für immer bewahren und in sich tragen in Ihren Herzen.

Die Zeit im Krankenhaus war voller Sorge und Angst um das Leben Ihres Kindes, doch sie war kostbar. Denn Summer war bei Ihnen, Sie konnten sie sehen, berühren, ihre kleinen Hände nehmen, sie streicheln und küssen. Niemand kann Ihnen diese Zeit wieder wegnehmen. Sie bleibt Ihnen als ein Geschenk.

Im Moment können Sie kaum einen klaren Gedanken fassen. Alles schmerzt, auch die Erinnerungen. Die Gefühle fahren Achterbahn in Ihnen und die offenen Fragen machen Sie schwindelig.

Warum war mein Mutterleib kein sicherer Ort für mein Kind? Was habe ich, was haben wir falsch gemacht? Warum hat die Macht, die unsere Geschicke lenkt, unsere Summer nicht bei uns gelassen? Wir werden darauf keine Antworten bekommen. Uns bleibt nichts, als zu vertrauen. Manchmal schickt der Himmel Kinder auf diese Erde, die nur auf der Durchreise sind, wie Engel, die uns still und leise besuchen, um uns zu beschützen oder uns ein Licht zu schenken, und die dann ebenso still wieder gehen, woher sie gekommen sind – in den Himmel.

Summers kurzer Besuch auf dieser Erde hat Sie verändert. Sie hat bleibende Spuren hinterlassen. Was bleibt, ist die Liebe zu ihr. Sie werden sie immer lieben und Liebe ist das Kostbarste, was wir besitzen. Sie spüren auch, wie sie Ihre gegenseitige Liebe noch tiefer hat werden lassen. Ihr ganzes Leben wird sich verändern. Sie werden viel bewusster leben und dankbarer sein auch für die kleinen Dinge, die wir sonst kaum beachten.

Summer wird in Ihnen weiterleben. Und weil sie jetzt ein Engel ist, wird sie Ihnen helfen, wieder Mut und Freude am Leben zu finden. Das wird viel Zeit brauchen und die Menschen, die zu Ihnen gehören, werden viel Geduld mit Ihnen haben müssen. Der Weg der

Trauer ist ein langer, steiniger Weg. Aber eines Tages tun sich neue Wege auf und Sie werden wieder Licht am Horizont sehen, und ein neuer Sommer wird anbrechen, eine Zeit, in der Sie wieder mit Hoffnung in die Zukunft sehen können.

Segen

sommersegen
wenn die kälte der trauer
dein herz zu eis erstarren lässt
möge ein lichtstrahl
mitten in dein herz fallen
warm
gefüllt mit verheißung
eines neuen frühlings

mögen die eisblumen
am fenster deiner zukunft
sich verwandeln
in duftenden jasmin

mögen sommerblüten
dir einen bunten teppich weben
auf deinen wegen durch
das land der trauer
Antje Wenzel-Kassmer

6. Begleitung trauernder Eltern

6.1 Schmetterlingskinder

Tot geborene oder kurz nach der Geburt verstorbene Kinder werden als Sternenkinder oder auch Schmetterlingskinder bezeichnet.

Schmetterlinge sind flüchtig und schön. Kaum hat man einen bunten Schmetterling erblickt und erfreut sich an ihm, fliegt er schon wieder davon. Das Leben der Schmetterlinge, die auf blühenden Sommerwiesen wohnen und von Blume zu Blume schweben, erscheint uns fast paradiesisch. Sie gehören mehr dem Himmel als der Erde, da sie selten lange an einer Stelle sitzen, sondern unermüdlich umherfliegen. Fliegen sie zu zweit, tanzen sie spielerisch miteinander in der Luft.

In religiösen Vorstellungen sind Schmetterlinge ein Symbol neuen Lebens nach dem Tod. Ein Schmetterling entsteht im Inneren einer unansehnlichen Raupe, die am Boden kriecht und für ihre Feinde eine leichte Beute ist. Eines Tages verwandelt sich die Raupe, verpuppt sich zu einem Gebilde, das dem neuen Wesen, das darin entsteht, Schutz gibt. Die Metamorphose beginnt. An ihrem Ende bricht die Hülle auf und ein fertiger Schmetterling kämpft sich ans Licht, um endlich die Dunkelheit zu verlassen und in den Himmel zu fliegen.

Eltern, die ein Kind um die Geburt herum verlieren, erleben, wie flüchtig das Leben ihres kleinen Kindes ist. Kaum ist es im Mutterleib entstanden, geht es wieder, in eine Welt, zu der sie keinen Zugang haben. Das Symbol des Schmetterlings drückt dieses Empfinden aus, dass etwas Wunderschönes und Geliebtes einfach davonfliegt, ohne dass wir es festhalten können. Es gibt zugleich Hoffnung, dass die Kinder in eine Welt weiterziehen, die warm und bunt ist wie eine Sommerwiese und dem Himmel nah.

Inzwischen gibt es viele Gruppen und Initiativen, die unter der Bezeichnung „Schmetterlingskinder" Rat und Hilfe für Eltern anbieten, die ein Kind durch Tot- oder Fehlgeburt verloren haben. Auch ich habe für die Arbeit mit den betroffenen Eltern dieses Symbol aufgegriffen.

6.2. Das Gedenkbild im Helios- Klinikum Krefeld für die „Schmetterlingskinder“

Ausschnitt aus dem Bild „Schmetterlingskinder“ von Franz Kassmer

Das Gedenkbild, das vorne im Buch in seiner Gänze zu sehen ist, hat der Krefelder Künstler Franz Kassmer für Eltern geschaffen, die ihr Kind vor der Geburt oder kurz nach der Geburt verloren haben.

Das Bild hängt im Helios-Klinikum Krefeld im Raum der Stille. Betroffene Eltern können auf dem Bild einen Papierschmetterling anbringen, versehen mit dem Namen und dem Geburts- oder Sterbedatum des Kindes. Der Papierschmetterling fliegt mit den bunten Schmetterlingen auf dem Bild ins Licht.

Im Raum der Stille trifft sich auch die Gruppe „Schmetterlingskinder“ für Eltern, die ein kleines Kind verloren haben.

Eltern finden Trost in dem Gedanken, dass sie mit ihrem Schicksal nicht allein sind. Sie sehen, dass viele andere Eltern einen Schmetterling an das Bild gehängt haben – Eltern, die ein kleines Kind verloren haben, so wie sie. Die Schmetterlinge auf dem Bild sind miteinander unterwegs, fliegen zusammen ins Licht. Auch ihre Kinder sind nicht allein.

Das Bild gibt der Hoffnung Ausdruck, dass der Weg der verstorbenen Kinder nicht in ein anonymes Nichts oder in ein bedrohliches Dunkel führt, sondern in eine helle Weite, ein Zentrum aus Wärme und Licht. Alle, die ins Licht unterwegs sind, kommen an, finden gemeinsam ihren Weg, werden angezogen von dem hellen Strahl im Zentrum, um das sich alles Leben dreht.

Die Eltern können den Platz, den ihr Schmetterling auf dem Bild bekommen soll, selbst wählen. Die meisten setzen ihren Schmetterling in den Kreis der anderen Schmetterlinge. Manche hängen ihn direkt in die Mitte. Sie wünschen sich, dass ihr Kind das Licht direkt erreicht. Andere wählen den Rand des Bildes. Vielleicht sind sie noch unsicher, was sie glauben und hoffen sollen. Oder sie sind behutsam, weil sie ihren Kindern Zeit lassen wollen, ihren Weg zu finden.

Die Schmetterlinge bleiben so lange hängen, wie der Platz ausreicht. Nach einem Jahr werden die Schmetterlinge abgenommen und im Büro der Seelsorge verwahrt. Dort können die Eltern ihren Schmetterling abholen und mit nach Hause nehmen.

Einige Eltern nehmen den Schmetterling, den sie von der Station nach der Geburt ihres Kindes zusammen in einer Tüte mit Buntstiften, der Bildkarte zum Gedenkbild und Informationsmaterial bekommen, auch direkt mit nach Hause.

ins licht

du bist gegangen
mein kind
leise
wie ein schmetterling
hast in mir
nichts
zurückgelassen
als den schmerz
du breitest
deine flügel aus
fliegst dich frei
dem licht entgegen
bis du selbst
zum licht wirst
das mich wärmt und heilt

Antje Wenzel-Kassmer

6.3 Die Trauergruppen

heilende tränen

stell dir vor
ich träumte
jemand sagte
wähle
ob du
dein lachen
verschenken willst
oder dein weinen
und ich wählte das weinen
fühlte
keinen schmerz mehr
keine trauer
kannte kein erbarmen
weinte keine tränen
am grab meiner mutter
stand ungerührt
am bett meines kranken kindes
und meine augen brannten
mein herz erstarrte
zu stein
wer
schenkt mir sein weinen
nur eine kleine träne
leiht mir seinen schmerz
nur für eine einzige nacht
gibt mir seine trauer
um einen geliebten menschen
nur für eine einzige stunde
möge mein herz
nur ein einziges mal noch
zerfließen in
heilenden tränen

Antje Wenzel-Kassmer

6.3.1 Schmetterlings- und Regenbogengruppe

Ich biete trauernden Eltern zwei Gruppen an:

- Eine Gruppe für Eltern, die ein Kind um die Geburt herum verloren haben (Schmetterlingsgruppe).
- Eine Gruppe für Eltern, die ein älteres Kind verloren haben (Regenbogengruppe) – ein Kleinkind, ein jugendliches oder erwachsenes Kind. Alle Eltern sind eingeladen, unabhängig von den Umständen des Todes ihres Kindes (Unfall, Krankheit, Gewalttat, Suizid).

Das Symbol des Regenbogens für die Gruppe der größeren verstorbenen Kinder steht für das bunte Miteinander, das Eltern im Zusammenleben mit Kindern erleben. Auch wenn einige lange krank oder psychisch belastet waren, gab es viele schöne Momente, die die Eltern nicht missen möchten. Die Kinder haben ihr Leben bereichert, haben ihm Farbe gegeben. Zugleich ist ein Regenbogen eine Brücke zwischen Himmel und Erde und gibt der Hoffnung Ausdruck, dass die Kinder über diese Brücke gegangen sind, an einen Ort, an dem sie unbeschwert weiterleben.

Die Gruppen treffen sich einmal im Monat zu einem festen Termin. Sie sind grundsätzlich offen, werden aber bei einer Teilnehmendenzahl von acht bis zehn Personen geschlossen. Um die Übersicht über die Zahl der InteressentInnen zu behalten, ist eine vorherige Anmeldung bei der Gruppenleitung sinnvoll. Einige Betroffene, vor allem Frauen, die ohne ihren Partner teilnehmen möchten, äußern bei der Anmeldung den Wunsch, eine Freundin oder Angehörige als Unterstützung zu den Treffen mitzubringen. Diesem Wunsch sollte nicht entsprochen werden, da die Anwesenheit nicht in erster Linie Betroffener die Eltern hemmt, offen ihre Probleme anzusprechen und ihren Gefühlen freien Lauf zu lassen.

6.3.2 Fester Kern und neu Hinzukommende

Die Erfahrung zeigt, dass sich nach einigen Monaten ein fester Kern von Eltern bildet, die regelmäßig kommen. Dieser Kern besucht die

Gruppe in der Regel über einen langen Zeitraum, oft sind es Jahre. Die Eltern dürfen an den Treffen teilnehmen, solange sie das Gefühl haben, dass das Zusammensein ihnen guttut. In der Regel spüren sie selbst irgendwann, dass es jetzt genug ist und dass sie die Gruppe nicht mehr brauchen. Oft treffen sie sich dann im kleinen Kreis derer weiter, zu denen sie in den Jahren eine vertraute Beziehung aufgebaut haben.

Neu Hinzukommende profitieren davon, dass andere Eltern da sind, die bereits eine längere Erfahrung mit der Trauer gemacht haben. Sie können ihre Erfahrungen teilen und die neu Trauernden ermutigen, den schmerzlichen Weg weiterzugehen.

Die Dauer des Treffens sollte 90 Minuten nicht überschreiten, um die Trauernden emotional nicht zu überfordern. Nicht nur das eigene Leid ist bei einem Gruppentreffen stetig präsent, sondern auch die Konfrontation mit den Schicksalen anderer betroffener Eltern muss bewältigt werden. Ist allein der „feste Kern" der Gruppe zusammen, der schon eine längere Zeit der Trauer hinter sich hat, können die Treffen zeitlich auch ausgedehnt werden.

Eltern, die neu hinzukommen, sehen einem Treffen in der Gruppe meist mit gemischten Gefühlen entgegen. Sie fühlen sich unsicher. Wie werde ich reagieren, wenn ich andere Trauernde erlebe? Werde ich Worte finden, um mein Schicksal zu erzählen, meine Gefühle zu beschreiben? Wie gehe ich, wie gehen die anderen damit um, wenn ich weinen muss? Die ersten Treffen wühlen meist sehr auf. Schlaflose Nächte nach einem Gruppentreffen sind die Regel. Was im Alltag hier und da verdrängt werden kann, wird in der Gruppe noch einmal neu real. Die, die schon länger dabei sind, freuen sich auf das Treffen, da sie mit ihrer Geschichte vertrauten Menschen begegnen, die ihre Gefühle akzeptieren, ohne zu hinterfragen. Das verstorbene Kind ist nach einer längeren Zeit im Familien- oder Freundeskreis kein Thema mehr. Wenn die Eltern es von sich aus ansprechen, wird oft nach kurzer Zeit das Thema gewechselt. Die Gruppe ist der einzige Ort, an dem der Tod des Kindes kein Tabu (mehr) ist und alle Gefühle einen Raum bekommen.

6.3.3 Offenes Gespräch

Die Treffen beginnen offen. Wer etwas erzählen möchte, bringt es ein. Dabei gibt es keine feste Reihenfolge. Die Aufgabe der Moderation ist, darauf zu achten, dass möglichst alle zu Wort kommen und einzelne Personen mit ihren Themen nicht zu viel Raum einnehmen. Sie hat die Gruppe immer wieder rückzufragen: Wie geht es Ihnen mit dem, was wir besprochen haben? Sollen wir an dem Thema weitermachen? Gibt es jemanden, den das Besprochene gerade sehr belastet? Besonders muss auf die geachtet werden, die sich wenig oder gar nicht einbringen. Möchten sie einfach nur still zuhören? Oder möchten sie beteiligt werden, finden aber keinen Weg, sich einzubringen?

6.3.4 Anwärmen und Ankommen

Die, die zum ersten Mal an einem Gruppentreffen teilnehmen, können auch mit einem einfachen Ritual integriert werden. Ihnen wird eine Kerze in einer handlichen Schale gereicht – zum Anwärmen und Ankommen in der Gruppe. Etwas, woran sie sich festhalten können. Ein Zeichen: Wir nehmen wahr, dass du da bist. Es ist schön, dass du gekommen bist. Halte die Kerze in der Hand, während wir von unseren Schicksalen erzählen. Höre einfach zu. Wenn du selbst erzählen möchtest, erzähle. Wenn du es nicht möchtest, reiche die Kerze an jemanden weiter, dessen Schicksal dich besonders berührt hat – ohne Worte, wenn du magst, oder auch mit einem Satz.

6.3.5 Die Kinder sichtbar machen

Wo es möglich ist, setzen sich die Teilnehmenden um einen runden Tisch. Ein Tisch schützt und gibt das Gefühl, in einem Raum einen kleinen privaten Ort zu haben. Die Mitte ist besonders gestaltet, z.B. mit einer Kerze, auf die mit einem Wachsstift die Vornamen aller Kinder geschrieben sind. Die Eltern entscheiden, wann und ob der Name ihres Kindes auf die Kerze geschrieben wird. Bei Bedarf (wenn die Teilnehmenden oft wechseln), kann eine zweite Kerze hinzugestellt werden. Wenn es für die Gruppe einen festen Raum gibt und es gestattet ist, kann alternativ ein Bild aufgehängt werden, an das Sterne oder Schmetterlinge mit den Namen der Kinder gehängt werden. Ein schönes Symbol ist auch ein Baum, in dessen Blätter die Namen geschrieben werden.

Eine weitere Möglichkeit des Gedenkens ist ein Buch mit leeren Seiten im Din-A4-Format, in dem die Eltern eine Seite gestalten können. Ein Bild, eine Begebenheit aus dem Leben des Kindes, ein tröstlicher Text oder eigene Gedanken können hinzugefügt werden. Das Buch liegt zu jedem Treffen aus. Wer mag, kann darin blättern und lesen. Manchen Eltern fällt es schwer, eine solche Seite zu gestalten. Einige finden keinen passenden Text, andere empfinden es als zu schmerzlich. Sie sollten nicht zu einem Eintrag gedrängt werden.

6.3.6 Geburtstage und Todestage

Eltern bringen gern Getränke und Gebäck zu den Treffen mit. Manche backen einen Kuchen, wenn das Kind Geburtstag hatte. Es darf aber kein Gruppendruck entstehen, sich an solchen Ritualen zu beteiligen. Zum Todestag eines Kindes kann die Gruppe eine von allen Teilnehmenden unterschriebene Karte versenden oder den betroffenen Eltern mitgeben. Es bietet sich an, ein festes Motiv zu wählen, mit einem Symbol, das die Gruppe schön findet.

6.3.7 Engelkarten

Der Abschluss des Gruppentreffens sollte mit einem festen Ritual gestaltet werden. Zum Beispiel, indem die Teilnehmenden eine „Engelkarte" ziehen. Die Karten enthalten einen Wort-Impuls zum Nachdenken, z.B. Geborgenheit, Wunder, Vertrauen, Verstehen, Segen, Geduld, einfach leben, offen sein, Vergebung, Liebe. Die Vorstellung ist, dass durch das intensive Zusammensein in der Gruppe jede Karte den Menschen „findet", der den enthaltenen Impuls gerade besonders braucht. In der Tat ist es oft erstaunlich, wie die gezogenen Begriffe zu dem passen, was den oder die Teilnehmende(n) gerade bewegt. Nähre ich die Enttäuschung weiter, die ich gegenüber meinen unsensiblen Verwandten empfinde, oder bin ich bereit zu vergeben? Kann das, was ich manchmal am Grab erlebe – dass ich mein Kind zu mir sprechen höre – nicht ein wirkliches Wunder sein und nicht eine bloße Sinnestäuschung, wie andere mir einreden wollen? Eine Mutter zog bei drei Gruppentreffen dieselbe Karte, mit der sie nichts anfangen konnte: „Gewaltlosigkeit". Sie versicherte, ein absolut friedlicher Mensch zu sein. Beim dritten Mal kam ihr eine Erkenntnis: Sie drängte ihren Mann dazu, mit ihr die Filme anzusehen, die er von ihrem verstorbenen Kind gedreht hatte. Ihr Mann aber konnte es nicht ertragen, diese Filme zu sehen. Ist das Drängen des Partners, die eigene Form der Trauer zu übernehmen, nicht auch eine Form der Gewalt? Manchmal geben auch die zu jedem Begriff gezeichneten Engelfiguren einen Hinweis, wenn sich der persönliche Bezug nicht erschließen will. Was soll ich mit der Karte „Dankbarkeit" anfangen? Mein Kind ist mir genommen worden – wie soll ich da Dankbarkeit empfinden? Der Engel auf der Karte aber empfängt einen schönen Blumenstrauß. Darf ich nicht dankbar sein für die Aufmerksamkeiten, die Menschen mir in dieser schweren Zeit entgegenbringen? Ein Anruf, eine Umarmung, ein kleines Geschenk zeigen mir: Ich bin nicht allein.

6.3.8 Themen, die trauernde Eltern bewegen

Die folgenden Themen kommen bei Gesprächen mit trauernden Eltern häufig vor. Insbesondere in den Trauergruppen, in denen viel Raum ist, um Fragen und Ängste auszusprechen, werden diese oder ähnliche Gedanken thematisiert. Es sind Themen, die Eltern bewegen, unabhängig davon, ob sie ihr Kind um die Geburt herum verloren haben oder zu einem späteren Zeitpunkt. Sie werden in unterschiedlichen Phasen der Trauer geäußert und können sich wiederholen. Erlebte Sinnlosigkeit, Probleme durch einen unterschiedlichen Umgang der Partner mit der Trauer, Unverständnis der Angehörigen oder Freunde, die unstillbare Sehnsucht nach dem verlorenen Kind, Schuldgefühle, die niemand wegnehmen oder wegreden kann, durchziehen die Zeit der Trauer wie ein roter Faden. Für Moderierende einer Trauergruppe kann es hilfreich sein, sich gedanklich vorzubereiten auf das, was die Eltern in das Gespräch einbringen werden.

- Wie kann ich weiterleben? Mein Leben besteht nur noch aus Schmerz.
- Darf ich weiterleben? Mein Kind kann das Schöne in dieser Welt nicht mehr erleben. Wie werde ich mich jemals wieder über etwas freuen und genießen können? Darf ich das überhaupt?
- Es ist alles sinnlos geworden.
- Erinnerungen tun so weh. Aber zugleich habe ich Angst, dass ich mich irgendwann an Vieles nicht mehr erinnern kann.
- Die Todesstunde geht mir immer wieder durch den Kopf. Hat mein Kind gelitten? Hätte ich mehr tun können? Wo ist mein Kind jetzt?

- Was habe ich falsch gemacht? Ich habe nicht gut genug auf mein Kind aufgepasst. Wenn ich doch nur dieses oder jenes anders gemacht hätte.
- Mein Partner trauert nicht. Er macht einfach so weiter, als sei nichts gewesen.
- Ich kann mit meinem Partner nicht über meine Trauer reden. Er sagt, ich solle nicht so viel darüber reden, das würde alles nur noch mehr aufwühlen.
- Meine eigenen Verwandten verstehen mich nicht, Freunde wenden sich ab.
- Andere sagen: Es ist doch schon so lange her. Das ist nicht normal, dass du immer noch trauerst. Und immer noch davon redest.
- Ich muss jeden Tag zum Grab, das brauche ich einfach. Andere sagen, das ist krankhaft.
- Andere sagen, ich soll mal wegfahren, um auf andere Gedanken zu kommen. Aber ich möchte nicht weg von zu Hause. Und meine Gedanken nehme ich überall hin mit.
- Ich sehe und höre übernatürliche Dinge. Ich glaube, dass mein Kind mir Botschaften schickt. Bin ich noch normal?
- Ich würde gerne von meinem Kind träumen. Aber ich träume nie von ihm.

Ein Leitfaden für alle, die Sterneneltern begleiten

Was ist hilfreich in der Begleitung von Sterneneltern? Welche Schritte kann ich mit ihnen gehen, welche Art der Unterstützung ist sinnvoll, und wo sind die Grenzen der Begleitung?

Grundsätzliches

Überlegen Sie für sich, wie viel Zeit Sie in die Begleitung investieren können oder möchten. Das gilt für alle Berufsgruppen sowie für ehrenamtlich Tätige. Soll es bei einem ersten Kontakt bleiben oder können Sie den Eltern weitere Besuche anbieten? Zeitdruck ist keine gute Basis für die verletzten Seelen der Eltern. Die Eltern haben feine Antennen dafür, mit welcher inneren Haltung wir ihnen begegnen.

Wesentlich ist es, mit einer offenen Haltung in die Begleitung zu gehen. Lassen Sie sich ein auf das, was die Eltern bewegt und was sie Ihnen davon mitteilen möchten. Hören Sie aufmerksam zu, achten Sie auf die Gefühle, die zur Sprache kommen. Nehmen Sie die Bilder auf, die die Eltern in sich tragen. Sie können ein wichtiges Gerüst sein für die weitere Begleitung.

Theologisch-philosophische Gedanken können manchen Eltern Trost geben, sinngebende Bilder trösten jedoch unmittelbar. Sie sprechen direkt in die Seele und setzen den Ängsten und der Trauer etwas Verheißungsvolles entgegen.

Psychosoziale Berufsgruppen und ehrenamtlich Tätige in der Klinik

Informieren Sie sich vor dem ersten Besuch über die Situation der betroffenen Eltern.

Wurde die Geburt bereits eingeleitet? Ist das Kind noch im Mutterleib oder wurde es bereits geboren? Hat es bei der Geburt gelebt oder wurde es tot geboren? Soll eine Abtreibung gemacht werden, weil eine Behinderung bei dem Kind festgestellt wurde? Wann haben die Eltern die Nachricht erhalten, dass ihr Kind nicht mehr lebt, nicht lebensfähig oder schwer behindert ist? Wieviel Zeit hatten sie bereits, sich mit dieser Nachricht auseinanderzusetzen?

Wenn Sie das Patientenzimmer betreten haben, nehmen Sie aufmerksam die Atmosphäre wahr. Was brauchen die Eltern jetzt? Sind sie aufnahmefähig für ein Gespräch? Oder brauchen sie noch Zeit für sich? Ist der Zeitpunkt meines Besuchs der richtige oder ist es besser, zu einem späteren Zeitpunkt wiederzukommen?

Das erste Gespräch dreht sich oft um die Sinnfrage. Warum ist mir/uns das passiert? Warum lässt Gott oder Allah das zu? Die religiöse oder spirituelle Dimension öffnet sich. Wir sind mit der Frage nach dem Sinn des Lebens oder der Theodizee (Frage nach der Gerechtigkeit Gottes) konfrontiert.

Beantworten Sie diese Fragen authentisch. Erzählen Sie von Ihrem Glauben oder Ihrer Weltanschauung, aber drängen Sie den Eltern Ihre persönlichen Ansichten nicht auf. Fragen Sie, was der Glaube der Eltern dazu sagt.

Geben Sie keine fertigen Antworten, sondern bieten Sie Antworten an. Kann es sein, dass Gott Ihr Kind besonders liebte und er es ganz bei sich haben wollte? Vielleicht ist es jetzt im Himmel, im Paradies? Achten Sie auf die Bilder, die die Eltern selbst verwenden. Sprechen sie von Engeln, von himmlischen Mächten, vom ewigen Leben? Haben sie die Vorstellung, dass ihr Kind jetzt im Licht ist, auf einem Stern oder selbst zu einem Stern geworden ist? Sitzt es in Gottes Schoß? Sprechen die Eltern von Gott oder Allah oder einer anonymen himmlischen Macht? Wie ist ihre Vorstellung vom Jenseits, vom Sinn des Todes, vom Sinn des Lebens? Glauben sie an einen barmherzigen Gott oder fürchten sie sein Strafgericht? Was befürchten sie? Was tröstet sie? Sprechen sie vielleicht von guten oder schlechten Zeichen, die sie erhalten haben? Hält ein Aberglaube (z. B. dass ein Fluch über ihnen hängt) sie gefangen? Wenn Ängste geäußert werden, können Sie ein Gegenbild anbieten. Um einen vermeintlichen Fluch zu bannen, können Rituale heilsam wirken. Bieten Sie ihnen z. B. einen Segen mit Handauflegung an und/oder das Beträufeln der Stirn mit reinigendem Wasser.

Werten Sie die spirituellen Vorstellungen der Eltern nicht. Respektieren Sie die Entscheidungen der Eltern. Auch Eltern, die sich für eine Abtreibung entschieden haben, obwohl ihr Kind lebensfähig war, trauern. Sie trauern um ihr Kind, mit dem sie nicht leben konnten. Sie weinen um das Schicksal, das ihnen eine solche schwere Entscheidung zugemutet hat. Sie kämpfen mit Schuld- und Versagensgefühlen. Sie brauchen Menschen, die ihnen zuhören und sie annehmen. Sie brauchen Trost und tröstliche Bilder, um weiterleben zu können.

Schützen Sie sich selbst. Wenn Sie bemerken, dass eine Begleitung Sie überfordert oder dass Sie die Vorstellungen und Überzeugungen der Eltern nicht mittragen können, übergeben Sie die Begleitung an einen Kollegen oder eine Kollegin. Sprechen Sie mit den Eltern offen über Ihre Entscheidung, um ihnen nicht eine weitere Verunsicherung zuzumuten.

Medizinische Berufsgruppen in der Klinik

Wenn Sie zur Berufsgruppe der MedizinerInnen gehören, haben Sie die Pflicht, den Eltern die Diagnose mitzuteilen. Vielleicht kommen die Eltern auch direkt aus einer niedergelassenen gynäkologischen Praxis zu Ihnen. Sie kommen in der Hoffnung, dass alles nur ein Irrtum war und dass die Klinikärzte ihnen sagen, dass mit ihrem Kind alles in Ordnung ist.

Nehmen Sie sich viel Zeit für dieses erste Gespräch, bei dem die Eltern noch unter Schock stehen. Beantworten Sie die Fragen der Eltern ehrlich, aber nicht schonungslos. Vermitteln Sie ihnen das Gefühl, gut aufgehoben zu sein und dass sie bei jedem Schritt, der auf sie zukommt, begleitet werden. Dieses Versprechen muss natürlich eingelöst werden. Manche Fragen kommen erst im Verlauf des Aufenthaltes im Krankenhaus auf. Die Eltern müssen wissen, an wen sie sich wenden können. Viele Ängste und Unsicherheiten können den Eltern genommen werden, wenn professionelle AnsprechpartnerInnen zu jeder Zeit zur Verfügung stehen.

Fast alle Patientinnen hadern damit, dass ein Kaiserschnitt bei einer Totgeburt medizinisch nicht indiziert ist, sondern dass sie ihr Kind selbst gebären sollen. Erklären Sie den Eltern, wie wesentlich eine Geburt, bei der das Kind auf natürlichem Weg den Mutterleib verlässt, für die Trauerbewältigung sein kann. Empfindet die Mutter das verstorbene Kind in ihrem Bauch als Fremdkörper, kann sich das im Verlauf der Geburt verändern. Die Geburt gibt der Patientin das Gefühl, Mutter dieses Kindes geworden zu sein. Ein besonderes Band entsteht, wenn Mutter und Kind die Geburt gemeinsam bewältigt haben. Das Kind muss ins Licht der Welt geboren werden, auch wenn es dieses Licht nicht sehen kann. Die Anstrengungen und Schmerzen der Geburt sind nicht „umsonst“, sondern haben ihren Sinn.

Die Frage, ob die Eltern ihr Kind nach der Geburt sehen möchten, sollte nicht zu früh entschieden werden. Die Ängste, das tote Kind zu sehen, sowie die Gefühle für das Kind wandeln sich im Laufe des Aufenthaltes in der Klinik. Und sie verändern sich noch einmal gravierend während der Geburt. Nicht selten reagieren Eltern zunächst ablehnend auf den Vorschlag, das verstorbene Kind nach der Geburt überreicht zu bekommen. Vielleicht stellen sie sich ein schlimm entstelltes Kind vor, dessen Anblick sie ihr Leben lang verfolgen wird. Vielleicht haben sie noch nie einen toten Menschen gesehen. Während oder nach der Geburt können sich diese Ängste lösen. Die Liebe und die Neugier auf das Kind sind stärker. Die Eltern möchten ihr Kind kennenlernen.

Ist damit zu rechnen, dass das Kind durch eine schwere Behinderung sehr entstellt ist, kann mit den Eltern vereinbart werden, dass die Hebamme sich das Kind ansieht und dann „grünes Licht“ gibt, wenn es „ansehnlich“ ist. Entstellte Gliedmaßen können in einem Schlafsäckchen verborgen werden. Bei einer Entstellung im Gesicht kann die Hebamme eventuell erst einmal beschreiben, was sie sieht. Die Eltern werden wissen, ob sie sich diesen Anblick zumuten möchten. Dabei ist zu beachten, dass der Blick der Eltern immer ein anderer ist als der der Außenstehenden. Was andere abstoßend finden, können Eltern liebenswert finden oder ganz übersehen.

Drängen Sie jedoch die Eltern nicht, wenn sie ihr Kind absolut nicht sehen wollen. Manchmal spielen dabei auch religiöse Gründe eine Rolle. Man will keine Beziehung zum Kind eingehen, ihm auch keinen Namen geben, damit es nicht daran gehindert wird, in die himmlische Welt einzutreten.

Bleiben Sie authentisch, wenn Eltern Ihnen Fragen stellen. Geben Sie keine Antworten, hinter denen Sie selbst nicht stehen. Die Frage nach dem Sinn dieses schweren Schicksals kann schon bei der Diagnosestellung oder im Kreißsaal aufkommen. Sagen Sie, was Sie selbst glauben. Seien Sie ehrlich, wenn Sie ratlos sind. Ehrlichkeit schafft Vertrauen und gibt damit Sicherheit.

Angehörige

Angehörige betroffener Eltern sind als vertraute Personen eine wichtige Unterstützung. Zugleich sind Sie Mitbetroffene als Oma, Opa, Tante, Onkel oder beste Freundin. Sie brauchen selbst Trost, da Sie Ihr Enkelkind, den Neffen oder die Nichte verloren haben. Geben Sie offen zu, dass Sie trauern, aber stellen Sie die eigene Trauer nicht in den Vordergrund, um den Eltern nicht den Raum zu nehmen, den sie für ihre Trauer brauchen.

Vermeiden Sie alles, was nach Vorwürfen klingen könnte. Klagen darüber, wie sehr Sie sich auf das Enkelkind gefreut hatten, wie groß Ihre Enttäuschung ist, verstärken die Versagensgefühle der Eltern. Nehmen Sie die verzweifelten Eltern in die Arme, weinen Sie mit ihnen, suchen Sie gemeinsam nach Antworten, wie es jetzt weitergehen kann. Vielleicht finden Sie miteinander tröstliche Bilder, die Ihnen helfen, den Verlust anzunehmen.

Die eigene Hilflosigkeit kann dazu führen, dass Sie jetzt selbst aktiv werden möchten, dass Sie den Eltern Ratschläge geben, die sie überfordern, dass Sie organisatorische Dinge übernehmen, ohne das ausreichend abgesprochen zu haben.

Gedanken, die Sie selbst trösten, können den Eltern weitere seelische Wunden zufügen: „Ihr seid noch jung, ihr könnt andere Kinder bekommen"; „Gut, dass ihr das Kind noch nicht gekannt habt". Die Eltern trauern um dieses eine Kind, das sie lieben und nach dem sie sich sehnen. Sein Tod ist für sie ein unersetzlicher Verlust.

Stärken Sie die Ressourcen der Eltern. Ermutigen Sie sie, Fragen zu klären, die sie umtreiben, fehlende Informationen einzuholen. Raten Sie ihnen, psychosoziale Unterstützung anzufragen, die Seelsorge um einen Besuch zu bitten. Krankenhausseelsorge ist in der Regel offen, fragt nicht nach Religion oder Kirchenzugehörigkeit, sondern bietet Zeit und ein offenes Ohr an. Die Seelsorgenden sind zugleich ein wichtiges Bindeglied zwischen Patientinnen und Klinikpersonal. In einer späteren Phase der Trauer kann eine Trauergruppe hilfreich sein. In vielen Städten gibt es Trauernetzwerke, die eine Liste der örtlichen Angebote für Trauernde führen (zu finden im Internet).

Ermutigen Sie die Eltern, ihr verstorbenes Kind anzunehmen als ihr Kind. Es ist kein Objekt, keine sogenannte Fehlgeburt oder Totgeburt, sondern ihr Sohn oder ihre Tochter. Sie sind Mutter und Vater ihres Kindes, auch wenn es nicht leben konnte.

Nehmen Sie dieses Kind auf in Ihre Familie. Geben Sie ihm einen Platz in Ihrem Herzen und einen Gedenkort. Besprechen Sie mit den Eltern, was ein guter Ort des Gedenkens sein kann: ein besonderer Platz in der Wohnung, an dem Erinnerungsstücke aufbewahrt, Kerzen oder Symbole aufgestellt werden; das Grab als Ort, an dem Blumen und Spielsachen abgelegt werden können; ein schöner Ort in der Natur, an dem die Eltern sich ihrem Kind nahe fühlen.

Sprechen Sie in der Familie über das Kind, nennen Sie es beim Namen. Gestalten Sie mit den Eltern seinen Geburtstag, gehen Sie an seinem Todestag mit der Familie ans Grab. Beziehen Sie, nach Absprache mit den Eltern, Geschwisterkinder, auch nachgeborene Kinder, in das Gedenken mit ein. Geschwister entwickeln ihre eigene Beziehung zu ihrem verstorbenen Brüderchen oder Schwesterchen, wenn dazu Raum ist – unabhängig davon, ob sie es gekannt haben oder nicht. Ein Kind, das tot geboren wurde, muss nicht totgeschwiegen werden. Es verdient einen Platz in seiner Familie.

Hilfreiche Internetseiten

Bundesverband Verwaiste Eltern und trauernde Geschwister in Deutschland
www.veid.de
Hier finden Trauernde und Begleitende Hilfe bei der Suche nach AnsprechpartnerInnen vor Ort, Foren, Trauerseminare, Literaturhinweise

Land der Sternenkinder
www.land-der-sternenkinder.de
Ort des Gedenkens, Hinweise für Sterneneltern und ihre Zugehörigen, Buchtipps, Gedichte und Märchen

Online- Plattform „Sternenkind München"
www.sternekind-muenchen.de
Informationen für betroffene Eltern, Angehörige und Fachpersonal

Hilfreiche Literatur

Christa Pauls, Uwe Sanneck, Anja Wiese: *Rituale in der Trauer*
Ellert & Richter Verlag 2013

Silia Wiebe, Silke Baumgarten: *Das Trauerbuch für Eltern- was Müttern und Vätern nach dem Tod ihres Kindes geholfen hat*
Kösel Verlag 2017

Petra Sutor: *Trauern um ein Sternenkind – Das Begleitbuch für Familien*
Patmos Verlag 2022

Hildegard Wörz-Strauß: *Und was kommt danach? Begleitbuch bei Tot- und Fehlgeburt*
Ernst Reinhardt Verlag 2018

Nicole Schäufler: *Gestern war ich noch schwanger – Ein Bilderbuch für Frauen, die ihr Kind in der Schwangerschaft verloren haben*
Edition Riedenburg 2014

Anna-Maria Böswald, Verena Herleth: *Trotzdem großer Bruder – Katerkind Ludlu besucht sein Sternengeschwisterchen*
Edition Riedenburg 2019

Dank

An erster Stelle gebührt mein Dank den betroffenen Eltern, die mir ihr Vertrauen entgegengebracht haben. Indem sie mir tiefe Einblicke in die Prozesse ihrer Trauer und des Abschiednehmens von ihrem Kind gewährt haben, konnte ich Erfahrungen in der Begleitung trauernder Eltern sammeln und Rituale entwickeln.

Mein Dank gilt den Mitarbeitenden des Mutter-Kind-Zentrums im Helios-Klinikum Krefeld für die fruchtbare Zusammenarbeit, viele einfühlsame Gespräche und das unermüdliche Beantworten meiner Fragen. Herrn Prof. Dr. Michael Friedrich, Direktor der Klinik für Frauenheilkunde und Geburtshilfe, sowie dem Geschäftsführer des Helios-Klinikums Krefeld, Herrn Alexander Holubars, danke ich für die Unterstützung der Seelsorge und ihre Offenheit für Anregungen und Initiativen.

Des Weiteren danke ich den Mitarbeitenden der Pathologie, die einfühlsam die kleinen verstorbenen Kinder für die Bestattung vorbereitet haben und geduldig auf die Wünsche der Seelsorge nach besonderen Verabschiedungsritualen eingegangen sind.

Mein besonderer Dank gilt den interreligiösen bzw. ökumenischen Vorbereitungsteams der gemeinsamen Bestattungen und der jährlichen Gedenkfeiern für die verstorbenen Kinder. Die Ideen der Mitwirkenden und deren kreative Umsetzung waren wertvolle Anregungen für dieses Buch.

Der Superintendentin des Evangelischen Kirchenkreises Krefeld-Viersen, Pfarrerin Dr. Barbara Schwahn, danke ich für die Idee zu diesem Buch.

Text- und Bildquellen

Bilder:
S. 5 und S. 112: „Schmetterlingskinder“ von Franz Kassmer,
© beim Urheber
S. 25: „Regenbogen“, © Sharon/pixabay.com
S. 28: „In Gottes Händen“ von Sieger Köder,
© Sieger Köder-Stiftung Kunst und Bibel, Ellwangen
www.verlagsgruppe-pamtos.de
S. 30: „Sturm auf dem See“ von Sieger Köder,
© Sieger Köder-Stiftung
Kunst und Bibel, Ellwangen
www.verlagsgruppe-pamtos.de
S. 37: „Schnee“ von Ilona Brigitta Martin, © bei der Urheberin
S. 42: „Im Glauben gestalten Frauen Zukunft“ von Sandra Cotes de Moreno, © Weltgebetstag der Frauen – Deutsches Komitee e.V.
S. 48: „Feder“ von Ilona Brigitta Martin, © bei der Urheberin
S. 56: „Pusteblume“ von Ilona Brigitta Martin, © bei der Urheberin
S. 60. „Seifenblase“ von Ilona Brigitta Martin, © bei der Urheberin
S. 64: „Kerzen“ von Franz Kassmer, © beim Urheber
www.verlagsgruppe-pamtos.de
S. 67: „Ich habe dich eingezeichnet in meine Hand“
Rosenberger Altar (Ausschnitt)“ von Sieger Köder,
© Sieger Köder-Stiftung Kunst und Bibel, Ellwangen
www.verlagsgruppe-pamtos.de
S. 72: „Ihre Kinder wird man auf den Knien schaukeln“ von Sieger Köder, © Sieger Köder-Stiftung Kunst und Bibel, Ellwangen
www.verlagsgruppe-pamtos.de
S. 77: Paul Klee (1879–1940), es weint, 1939, 959, Bleistift auf Papier auf Karton, 29,5 x 21 cm, Zentrum Paul Klee, Bern,
© Zentrum Paul Klee, Bern, Bildarchiv
Paul Klee (1879–1940), der Fels der Engel, 1939, 847, Bleistift auf Papier auf Karton, 29,5 x 21 cm, Zentrum Paul Klee, Bern,
© Zentrum Paul Klee, Bern, Bildarchiv
S. 98: Luftballons“ von Ilona Brigitta Martin, © bei der Urheberin

Texte:
Auszug Psalm 69
aus: Dr. Ulrike Bail/Frank Crüsemann/Marlene Crüsemann (Hrsg.), Bibel in gerechter Sprache © 2006, Gütersloher Verlagshaus, Gütersloh, in der Penguin Random House Verlagsgruppe GmbH

Aus Psalm 139
Einheitsübersetzung der Heiligen Schrift © 2016 Katholische Bibelanstalt GmbH, Stuttgart. Alle Rechte vorbehalten.

Nichts mehr als nichts
Mündlich überliefert, Aus: „Blätter, die uns durch das Jahr begleiten", Hrsg. Barbara und Hans Hug, Kreuz Verlag Stuttgart, 3. Auflage 1993, auf der Seite „8. Februar"

Gebet von Eltern eines Sternenkindes
Aus: S. Jestadt, Die Bestattung totgeborener Kinder, Heidelberg: Examensarbeit o.J., S.17 Abgedruckt in: Hannah Lothrop, Gute Hoffnung- jähes Ende, S.330, Kösel Verlag 1991

Der Strom und die Wüste
Aus: Das Märchen von Wind und Wasser von Idries Shah, Eschbach-Verlag,
© The Estate of Idries Shah; aus d. Engl. Von Inge von Wedemeyer, Übersetzungsrechte bei Verlag Herder GmbH, Freiburg

Das Credo der TCF (frei übersetzt aus dem Englischen: Antje Wenzel-Kassmer) © 2007 The Compassionate Friends, USA.

Die Autorin

Antje Wenzel-Kassmer war Gemeindepfarrerin und langjährige Krankenhausseelsorgerin, unter anderem in einem Mutter-Kind-Zentrum. In ihrem Ruhestand ist sie weiterhin in der Trauerbegleitung tätig und schreibt in ihrer Freizeit Kurztexte und Gedichte. Sie lebt und wirkt in Krefeld.